연합감리교회의 특징

차 례

들어가는 말

1960년대 후반기부터 미국으로 이민 오는 한국인의 수가 급속도로 증가함에 따라 미국 내의 한인연합감리교회도 많이 증가하게 되었다. 이 미국 땅에 세워진 한인교회는 교포들끼리 모여 신앙생활을 할 수 있도록 신앙공동체를 마련하였을 뿐만 아니라 이민 초보자들이 빠른 시일 내에 이 땅에 정착할 수 있도록 최대의 희생을 아끼지 않았다.

그러나 이민 연륜을 더해 가면서 오늘의 한인연합감리교회들은 그 모습이 조금씩 달라지고 있음이 분명하다. 한편으로는 새로 이민 오는 사람들 때문에 초기 이민교회의 성격을 그대로 띠고 있는 교회들이 있는가 하면, 다른 한편으로는 교회 자체 내의 질서를 유지하면서 한인사회뿐 아니라 자기들이 처해 있는 지역사회에 점진적으로 뿌리를 내리면서 그 지역사회에 이바지 할 수 있는 선교활동을 하는 교회들이 많이 있는 것을 볼 때 한인교회들이 그만큼 성장했다는 증거라고 말할 수 있다.

이민사회에 뿌리를 강건하게 내리기 원하는 한인연합감리교회들을 위하여 연합감리교회 출판사에서는 "장정"과 "평신도 지침서"를 한국어로 발간했고, 또 교인들이 같은 분위기 속에서 신앙을 연마하면서 공동생활을 하는 데 도움을 주기 위하여 "연합감리교회의 특징"이라는 이 작은 책자를 발간하게 되었다.

본 교재는 총회제자훈련부와 연합감리교회 출판사가 상호협조하여 발간한 "신앙의 도리"(The Way)와, "연합감리교의 모습"(United Methodist Profile)이라는 두 책자를 참작했고, 또 본인이 한인연합감리교인들의 신앙생활에 도움이 될 수 있다고 생각된 내용들을 모아 엮어 놓은 책이다. 이 조그마한 책자 속에서 연합감리교회의 전체 신학과 행정을 다룬 것은 아니다. 이 책자는 연합감리교인으로서 매일의 신앙생활을 해 나가는 데 도움이 되는 것들만 간추려서 기록했다.

그리스도인은 누구나 할 것없이 그의 전 생애를 통하여 신앙이 성장해야 한다. 이 조그마한 책자가 여러분의 믿음의 순례가 끝나는 그 날까지 힘이 되어 최후의 면류관을 향해 달려가는 데 큰 도움이 되기를 바란다.

원 달준

I
연합감리교회 역사

연합감리교회의 모체인 감리교가 시작되던 18세기 영국의 사회환경은 산업혁명으로 인하여 급속도로 도시화되어 가고 있었다. 따라서 영국의 수도 런던도 도시화되어 가는 과정에서 사회악이 증가하고 있었다. 광산의 광부들과 공장의 노동자들은 날이 갈수록 기업주에게 착취당했으며, 그들은 쥐가 들끓는 빈민굴에서 비인간적인 생활을 하고 있었다. 어린이들은 질병으로 네 명 중 세 명꼴로 목숨을 잃는 지역이 허다했으며, 세상을 비관한 음주중독자들의 수가 증가함에 따라 사회악을 초래하고 있었다. 또한 사람들이 소규모의 빚을 갚지 못할 때 감옥에서 그 형을 치르는 것이 예사였다.

그 당시 영국 국교회는 이러한 사회 현상에 대하여 손을 쓰지 못하고 있었으며, 목사들은 국가에서 받는 경제적 후원 때문에 편안한 삶을 영위하고 있었고, 사회문제와 인권문제에 등한히 하는 경향을 보였다. 인간의 이성만이 참 종교를 판단할 수 있다는 이성만능주의의 영향으로 예수님은 윤리를 가르치던 단순한 윤리 교사였지 구세주가 아니었다는 신학 때문에 설교와 예배는 생명을 잃은 무미건조한 종교 형식에 불과했다.

이러한 시기에 영국의 엡워즈 (Epworth) 지방의 한 목사관에서 요한 웨슬리와 찰스 웨슬리가 태어났는데 하나님은 이 두 소년에게 더 좋은 사회를 이룩해 가도록 특별한 권능을 베푸셨다.

1. 마음이 뜨거운 종교

요한 웨슬리의 부친인 사무엘 웨슬리는 그의 전 생애를 헌신하여 조그마한 교구를 섬기던 영국 국교회 목사였다. 사무엘 웨슬리는 성례의 힘과 거룩한 교회를 확고하게 믿고 있던 목사였다. 사무엘 웨슬리의 아내인 수산나는 의지가 강하고 교양이 많은 헌신적인 여성이었으며 슬하에 열아홉 명의 자녀들을 두었다.

열아홉 명의 자녀들 중 열다섯 번째인 요한은 1703년 6월 17일에 태어났다. 요한은 체격이 작았으나 그의 다갈색 머리와 정력적인 성격은 많은 사람들을 매혹시켰다. 요한은 옥스포드 대학에 입학하여 졸업할 때까지 우수한 성적을 올린 우등생이었다.

그는 옥스포드 대학을 졸업한 후 영국 국교회에서 안수를 받고 엡워즈에 있는 교회에서 부친을 도와 목회를 하다가 대학에서 교편을 잡기 위하여 다시 옥스포드로 돌아왔다. 그러나 옥스포드 학자로써 그의 마음 저변에서는 심한 갈등이 일어나고 있었다. 이러한 심적 갈등을 해소하기 위하여 그는 꾸준히 기도생활을 계속하였다. 요한 웨슬리는 학문에 몰두한 만큼 신앙의 갈등을 해소하기 위해서도 많은 노력을 하였다. 그는 새벽에 일어나 성경을 읽으면서 기도생활을 했고, 매주 수요일과 금요일에는 금식을 했다. 또한 그는 매주 성만찬에 참석했고, 가난한 사람들을 구제하는 일에 열심을 다했고, 특히 가난한 아이들을 모아 가르치기도 했다. 그는 또한 매주 두 번씩 감옥에 있는 죄수들을 방문하였다. 그러나 이런 생활 가운데서도 요한 웨슬리는 거룩한 생활을 영위할 수 없었음을 안타까워했고, 그 자신이 십자가를 자신 있게 질 수 없었던 사실에 대하여 크게 고민을 하고 있었다. 웨슬리는 구원의 확신을 얻기 위해 계속 노력했다.

동생 찰스가 옥스포드에 입학하자 웨슬리 두 형제는 옥스포드 학생들을 중심으로 신앙클럽을 조직하여 기도와 성경연구와 봉사생활을 하였다. 웨슬리 형제와 신앙클럽의 동료들은 "규칙벌레" 혹은 "거룩한 클럽"이라는 별명을 얻게 되었다. 어떤 사람들은 그들을 "엄격한 종교주의자"(Methodist)라고 빈정거렸는데, 감리교라는 이름은 이렇게 그들의 엄격한 신앙생활을 놀리기 위해 생겨난 별명이었다.

요한 웨슬리는 신앙에 대한 확신이 없어 심적으로 고민하던 중 영국이 이민정책의 한 일환으로 선교사들을 모집하고 있다는 소식을 듣고 선교사로 자원하여 1735년 영국의 식민지였던 미국 죠지아주에 있는 원주민들을 위해 선교사업을 하기로 결심하였다.

그러나 죠지아주에서의 요한 웨슬리의 경험은 환멸뿐이었다. 그것은 요한 웨슬리가 생각했던 것만큼 원주민들이 복음을 쉽게 받아들이지 않았기 때문이다. 웨슬리의 엄격한 신앙훈련은 거친 개척자들에게 환영받지 못했다. 선교활동을 시작한 지 2년이 채 못 되어 실망한 웨슬리는 죠지아주를 떠나 영국으로 다시 돌아와야만 했다.

웨슬리는 선교사업에 실패한 후 자신감의 상실과 영적 갈등이 더욱 심해졌다. 영국으로 돌아온 후 웨슬리는 독일의 경건주의자인 피터 뵐러(Peter Boehler)의 영향을 받았다. 경건주의자들의 신학은 내적 구원의 확신에서 오는 영혼을 뒤흔들만한 신앙의 체험으로 기독교 생활을 시작해야 된다는 것이었다.

1783년 성령강림절에 찰스 웨슬리는 이러한 내적 신앙의 확신을 체험하였는데 찰스의 체험은 요한에게 실망을 더 안겨 주었다. 1783년 5월 24일, 요한 웨슬리는 그가 바라던 구원의 확신을 체험하게 되었다. 그날의 체험에 대하여 요한 웨슬리는 일기에 이렇게 적었다.

나는 마음에 별로 내키지 않았으나 올더스게이트 가에서 모이는 기도회에 참석했다. 그때에 어떤 사람이 로마서에 대한 루터의 서문을 읽고 있었다. 8시 45분쯤 되었을 때, 그리스도를 믿는 신앙을 통해 하나님께서 우리 마음에 역사하심으로써 일어나는 변화에 대하여 설명할 때에 내 마음이 이상하게 뜨거워지는 것을 느꼈다. 내가 그리스도를 믿고 있었고, 그때에 나는 그리스도를 통해서만 구원을 얻을 수 있다는 확신을 얻게 되었다. 그리고 그리스도께서 내 죄를 사하여 주시고 나 같은 죄인의 죄마저도 또한 죄와 사망의 법에서 나를 구원해 주셨다는 확신을 가지게 되었다.

종교적인 모든 의문을 이성으로만 해결하려던 요한 웨슬리에게는 이 체험을 통하여 소망과 확신이 불같이 일어났고 자신의 생애에 대한 해답을 찾게 되었다.

2. 세계는 나의 교구

종교적 회심은 감정의 변화가 아니라 변화된 삶으로 측정되어져야 한다고 요한 웨슬리는 믿었고, 또 회심 체험 후 그의 삶은 이 사상을 잘 입증해 주고 있다.

1739년 복잡한 브리스틀 (Bristol) 도시 외각에 위치한 킹스우드 (Kingswood)라는 곳에서 광부들이 하루의 일과를 마치고 지친 몸을 안고 집으로 돌아가는 어느 늦은 오후였다. 웨슬리는 처음으로 이 광부들에게 옥외설교를 하였다. 교회 밖에서 예배보는 것을 금하던 영국 국교회 측에서 볼 때 웨슬리의 처사는 있을 수 없는 일이었다. 웨슬리는 예수님이 갈릴리 지역에서 공생애를 시작하면서 사용하셨던 똑같은 성경 본문으로 광부들에게 설교했다.

주의 성령이 내게 임하셨으니 이는 가난한 자에게 복음을 전하게 하시려고 내게 기름을 부으시고 나를 보내사 포로된 자에게 자유를, 눈먼 자에게 다시 보게 함을 전파하며 눌린 자를 자유케 하고 주의 은혜의 해를 전파하게 하려 하심이다 하였더라 (누가복음 4:18-19).

요한 웨슬리는 희망을 잃었던 그들에게 희망의 말씀을, 의심에 가득 찬 그들에게 확신을, 종교가 한낱 차갑고 생명력 없는 일과에 불과했던 그들에게 경건심과 뜨거움을 체험하도록 도와주었기 때문에 일반 대중들은 웨슬리의 복음전파를 기쁘게 받아들였다. 그런 반면에 요한 웨슬리를 적극적으로 반대하는 사람들도 있었다. 웨슬리는 기존교회로부터 민중의 선동자, 혹은 분쟁을 일으키는 목사로 비난을 받기도 하였다.

웨슬리의 설교도 가끔 문제가 되었다. 그의 설교는 단순하고 직선적이어서 회중들의 감정을 사로잡아 즉각 긍정적인 반응을 불러일으켰는가 하면 때로는 회중들로부터 부정적인 반응을 얻기도 하였다. 요한의 일기를 읽어보면 60차례에 걸쳐 폭력을 당했다고 하였다. 그는 어떤 때는 설교 도중에 계속 돌에 맞아 "세 번이나 쓰러졌다"고 일기에 썼으며 "언제나 폭력꾼들을 만나지요"라고 동료인 순회목사들에게 말했다.

요한 웨슬리는 순회설교자였다. 50여 년의 목회기간 동안 22만 5천 마일 이상 말을 타고 다니면서 여행했으며, 설교도 4만여 번 하였다. 그는 85세의 노령에도 불구하고 8주 동안에 80번의 설교를 한 정력가였다. 그밖에도 요한 웨슬리는 수십 권의 책을 집필하였다. 요한 웨슬리는 영국 국교회로부터 쫓겨난 후 설교할 수 있는 자리가 없어졌을 때 "세계는 나의 교구"라고 말했다. 이 말은 웨슬리의 사상을 단적으로 잘 표현해 주는 말이다.

3. "감리교"라고 불린 사람들

웨슬리에게 뛰어난 조직력이 없었더라면 그의 영향은 당대에 머물렀을지도 모른다. 웨슬리는 교회를 분리할 의사가 전혀 없었고, 오직 목표가 있었다면 그가 사랑하는 영국 국교회를 새롭게 하려는 데 그의 의도가 있었을 뿐이다. "거듭남"을 체험한 평신도들은 신도회 (Society), 속회 (Class Meeting), 조(Band)를 조직하여 성경연구, 기도, 신앙훈련, 그리고 봉사생활에 전심전력을 쏟았다.

웨슬리 운동은 급속히 성장하여 회중들에게 설교를 해줄 수 있는 더 많은 순회설교자들을 필요로 하게 되었다. 순회설교자들은 정식으로 목사 안수를 받지 않은 사람들이며, 그들은 말씀을 전파함과 동시에 속회를 인도하고, 심방하고, 가난한 사람들을 돌보는 일을 담당하기도 했었다.

요한 웨슬리는 위대한 설교자였지만 또한 뛰어난 조직력을 가진 사람이었다. 1744년 요한 웨슬리와 찰스 웨슬리, 같이 일하던 네 명의 영국 국교회 성직자들과, 네 명의 평신도 설교자들이 모여서 연회 (Annual Conference)를 조직했다. 지금도 연회는 전 세계 어디에서든지 감리교회의 기본 조직으로 인식되어 있다.

찰스 웨슬리는 1788년에 사망했고, 요한 웨슬리는 1791년에 사망했는데, 웨슬리 형제가 사망했을 때 감리교는 다른 나라에도 알려진 큰 신앙공동체로 발족해 있었다. 영국에서 313명의 목사와 7만 6천 968명의 신도가 있었고, 미국에는 198명의 목사와 5만 6천 621명의 신도수를 확보하였다. 그리하여 감리교회는 기독교 복음전파에 찬란한 역사의 한 페이지를 장식하기 시작하였다.

4. 연합감리교회

미국 내에 연회가 정식으로 조직되기 전인 1766년경에는 아이랜드에서 미국으로 이민온 필립 엠베리와 로버트 스트로브리지가 세운 감리교 신도회들이 뉴욕과 메릴랜드에 조직되어 있었다. 1769년에 이르러 웨슬리는 이미 교역자들을 식민지인 미국에 파송하고 있었다.

1784년 성탄절에 볼디모어 (Baltimore) 시에서 열린 연회에서 감리교회가 정식으로 탄생했다. 웨슬리는 토마스 코크를 감리사로 추대하고, 또한 후랜씨스 에즈베리를 초대 감독으로 선출하여 그 조직체의 명칭을 감리교감독회라 하였다.

에즈베리는 1772년 미국에서 목회를 시작하였고, 44년 후 그가 목회를 마쳤을 때까지 27만 5천 마일에 달하는 미국의 시골길을 달렸고 1만 6천 번의 설교를 하였다. 1816년 그가 사망할 당시 감리교인의 숫자는 20만에 이르렀다.

미국 감리교회의 급격한 성장에 있어서 야외집회(Camp Meeting)의 영향은 주목할 만하다. 야외집회 모임은 한두 주간 동안 자유롭게 모여 설교와 찬송을 부르면서 신앙을 재무장하는 모임이었다. 이 야외집회는 개척자들이 고립된 생활에서 벗어나 서로 친교할 수 있는 기회를 마련해 주었고, 단순하면서도 감정에 호소하는 생동력 있는 신앙을 키우는 데 큰 역할을 하였다.

감리교회는 초창기부터 사회문제에 관심이 컸다. 초기 감리교회는 웨슬리 사상에 따라 노예 소유가 금지되었으나, 상류층인 백인교인들의 수가 늘어남에 따라 반노예 원칙을 따르지 못하였다. 노예문제는 계속 의견이 엇갈려 결국 1844년에 감리교회가 남감리교회와 북감리교회로 갈라지게 되었고, 그후 1939년까지 양분된 채로 존속하였다.

흑인감리교인들은 초창기부터 미국 감리교회에서 큰 역할을 하였다. 불행하게도 교회 내에서 인종차별이 심해지자 백인감리교인들이 기독교 정신에 따라 살지 못함을 보고 흑인감리교인들은 따로 분리되어 나왔다. 필라델피아에 있는 성죠지 교회(Saint George Church)에서 1794년에 아프리칸 조르 (African Zoar) 교회가 형성되었는데 이는 감리교회에서 가장 오래 된 흑인교회이다. 결과적으로 흑인감리교인들은 별개의 교파를 조직하여 아프리카 감리교 감독교회와 아프리카 감리교 감독시온교회 등의 교파가 생기게 되었다.

5. 교회의 통합

필립 윌리엄 오터바인(Phillip William Otterbein)은 1752년 독일에서 미국으로 이민 와서 펜실바니아주 랑카스터(Lancaster)에서 목회를 하였다. 그곳에서 오터바인은 1754년 "그리스도 안에서 더 완전한 구원의 양심"을 알게 되었다. 그후 볼티모어에 있는 교회에서 40년간 목회 하였는데 지금도 그 교회는 올드 오터바인교회로 알려져

연합감리교회의 특징

있다. 1767년 오터바인은 성령강림주일에 랑카스터 근처 어느 창고에서 모였던 예배에 참석하여 마틴 베엠(Martin Boehm)이라는 메노나이트교회 목사의 설교를 들을 기회가 있었다. 설교 후 오터바인은 베엠 목사를 껴안고 "우리는 형제이군요"라고 외쳤다. 이것을 계기로 하여 연합형제(United Brethren)라는 교단 이름이 생겨나게 되었다. 1800년에 오터바인과 베엠을 포함하여 독일계의 목사들이 메릴랜드주의 프레드릭(Fredrick)에서 그리스도 연합형제교회(United Brethren in Christ)라는 교단을 구성하였고 오터바인과 베엠 목사를 감독으로 추대하였다.

같은 시대에 펜실바니아주의 부유한 농부이자 타일 제조업자였던 제이콥 올브라이트(Jacob Albright)라는 사람이 있었다. 그는 본래 루터교회 교인이었으나 감리교회로 온 후 1796년 평신도 전도사가 되었다. 올브라이트는 짧은 기간 동안에 여러 자녀들을 잃는 비극을 체험하였다. 이러한 슬픔과 죄책감과 내적 고통으로 어려움을 당하고 있던 그는 1791년 어느 날 기도 모임에서 성령의 확신을 체험하면서 위로를 받고 삶의 새 힘을 얻게 되었다. 이 신앙 체험에 대하여 올브라이트는 "하나님께서는 죄인의 멸망을 원치 않으시고 오히려 변화시켜 살게 해 주신다"라고 간증하였다. 그는 독일어를 말하는 가정을 위하여 복음을 전파하였으며 그후에 올브라이트 사람들(Albright's People)이라고 알려진 그룹이 탄생하였다. 이 그룹은 감리교에서 독일어 회중에게 관심을 쏟지 못했기 때문에 올브라이트는 복음협회(Evangelical Association)라는 별개의 자체 조직을 만들었다. 후에 복음교회(Evangelical Church)로 알려진 이 교회는 감리교회의 장정(The Book of Discipline)을 자체 내의 장정으로 사용하였다. 초창기부터 그들은 자신들을 웨슬리의 후손으로 자칭하면서 감리교의 교리와 조직을 따랐다.

1946년 펜실바니아주의 죤스타운(Johnstown)에서 복음교회(Evangelical Church)와 연합형제교회(United Brethren Church)가 통합하여 복음주의연합형제교회(Evangelical United Brethren Church)를 탄생시켰다. 이 교단의 교리, 역사, 그리고 조직은 감리교회와 비슷하였다. 마침내 1968년 텍사스주의 달라스에서 복음주의연합형제교회와 감리교회가 합하여 연합감리교회가 탄생하게 되었다.

6. 연합감리교회의 현재 모습

연합감리교회는 8백만 명이 넘는 신도를 가진 미국에서 가장 큰 개신교 교단 중에 하나이며, 그 중에서 흑인, 히스패닉, 아시아 및 미국 원주민들이 제일 많은 교단이다. 연합감리교회는 인종 분포 면에 있어서 포괄적이며 복합주의적 성격을 지향하고 있다.

연합감리교회는 세계평화, 인종평등, 노동권, 그리고 기독교연합 사업 등 사회참여 운동에 앞장선 교단이다. 미대륙의 최초 종교 출판사는 감리교 출판사였고, 또 연합감리교회는 현재 84개의 대학과 13개의 신학교, 8개의 초급대학, 9개의 고등학교, 1개의 전문학교, 약 400개의 병원, 고아원 및 양로원을 운영하고 있다. 연회 안에서 파송을 받고 일하는 목사가 3만 9천 명 이상이며, 연대관계에서 특별파송을 받고 일하는 목사는 3천 8백 명 이상이나 된다.

연합감리교회는 세계의 모든 대륙에 선교사들을 파송하고 있으며 오스트랄리아에만 선교사를 파송하지 않고 있는데 그곳에는 상당한 규모의 영국계 감리교회가 있기 때문이다. 이 선교사들은 전세계 인류에게 봉사하기 위하여 헤아릴 수 없이 많은 학교, 병원, 캠프장들을 설립했다.

연합감리교회에 속한 교인들은 주로 중산층의 사람들이다. 연합감리교회의 구성요원 중 65%가 자신을 중산층으로, 29%는 노동자 계층으로, 그리고 4%는 상류층으로 자인하고 있다.

연합감리교회의 80%는 인구 1만 명 이하의 시골 지역이나 중소 도시에 세워졌고, 그 중에 4분의 3은 200명 이하의 교인을 가지고 있다. 그러나 총 연합감리교인의 66%는 도심지에 살고 있다.

7. 한인연합감리교회

한국의 개신교 역사는 1885년부터 시작된다. 1885년에 한국감리교의 개척자인 아펜젤러 (Henry G. Appenzeller) 목사 부부와 한국장로교의 개척자인 언더우드 (Horace G. Underwood) 목사가 처음으로 인천에 상륙하면서 한국에 개신교회가 소개되었다. 아펜젤러는 정동제일감리교회와 배재학당을 설립하고 선교와 교육에 종사했으며, 언더우드 역시 새문안장로교회와 연희전문학교를 설립하여 선교와 교육에 종사했다. 한편 아펜젤러와 미국을 함께 출발한 스크랜튼 (William B. Scranton)과 장로교의 알렌(A. M. Allen)은 의료사업에 종사함으로써 또 다른 선교의 길을 열었다.

개신교회가 한국에 소개된 후 신자들의 수는 계속 증가하였다. 한국의 선교활동은 단순히 교회확장운동에만 그친 것이 아니라 처음부터 문화운동을 동반하면서 한국사회의 근대화 작업에 아주 막대한 공헌을 하였다. 한국의 기독교가 한국사회에 공헌한 중요한 분야를 정리해 보면 다음과 같다. 첫째 공헌은 교육사업이다. 한국의 현대 교육은 기독교와 함께 시작되었다. 둘째 공헌은 문서운동이다. 성경과 찬송가의 출판으로 한글이 일반 대중에게 널리 보급되었다. 셋째 공헌은 의료사업이다. 개신교가 들어오기 전까지 한국의 의료사업은 한약에 의존하고 있었다. 의료선교사들은 처음부터 의학교육을 시작했다. 넷째 공헌은 청년운동이다. 교회마다 청년회가 조직되었고, 또 아주 초기부터 YMCA와 YWCA가 조직되었다. 다섯째 공헌은 여성운동이다. 유교적인 사회체제 속에서 여성을 해방시켜 교육시킨 것은 기독교의 큰 공헌이라고 할 수 있다.

20세기 초반에 미국으로 이민온 한국인들이 있었으나 현재와 같은 한국인 이민자의 증가는 케네디 대통령이 이민정책을 변경한 후인 1965년부터이다. 1965년 전에는 한국에서 온 이민자가 2천여 명밖에 되지 않았으나 1965년 후에는 일 년에 2만 명 내지 3만 명으로 증가했다. 현재 미국에 있는 한국인의 수는 백만 명이 넘으며 이민정책이 바뀌지 않는 한 미국 내의 한국인 이민자의 수는 계속 증가할 것으로 생각된다.

1968년도까지 미국 내의 한인연합감리교회의 수는 열 손가락으로 셀 수 있을 정도에 불과했었으나 지금에 와서는 300여 개 이상으로 증가하게 되었다.

연합감리교회를 포함하여 미국 내에 있는 한인교회들이 한인사회에 공헌한 일들을 열거하면 다음과 같다.

첫째 공헌은 한글 교육사업이다. 한국의 얼이 담긴 한글을 깨우쳐 주기 위하여 교회마다 한글학교를 운영하였고, 또 지금도 운영하고 있는 교회들이 많이 있다. 둘째 공헌은 사회사업이다. 언어가 다르고 또 사회구조 이해가 부족한 이민가정들을 위하여 직업 알선, 운전면허 획득, 학교 등록 등 사회사업에 큰 공헌을 했다. 셋째 공헌은 교회가 대가족 역할을 했다. 미국과 한국이라는 지리적인 요건 때문에 가족이 분산되어 있을 때 교회가 가족의 역할을 해 주었다. 교회는 한 핏줄로 태어난 한인들이 모일 수 있는 장소를 제공해 주었다. 마지막으로 미국에 있는 한인교회들은 교회를 모르던 사람들에게 그리스도를 전하는 데 큰 공헌을 했다. 한국에서는 교회를 전혀 모르던 사람들이 미국에 와서 교인이 된 사람들이 많이 있다.

연합감리교회의 특징

1784—미국 감리교 감독교회
1830—감리교 개신교회
1844—남감리교 감독교회
1939—감리교회
1968—연합감리교회
1800—연합형제교회
1861—복음협회
1891—연합복음교회
1922—복음교회
1946—복음주의연합형제교회

II
연합감리교회의 신학과 교리

연합감리교는 신학과 교리가 없다는 평을 종종 듣는다. 신학자 라인홀드 니버(Reinhold Niebuhr)는 "감리교회가 기본적으로 비신학적 입장을 고수해 왔기 때문에 신학적 논쟁의 과열로부터 벗어날 수 있었다"라고 말했다. 그러나 연합감리교회 역사학 교수였던 알버트 아우틀러(Albert C. Outler)는 "웨슬리가 신학적 무관심주의를 옹호하였다고 말하는 것은 근거 없는 사실"이라고 논박했다.

신학은 하나님의 진리가 무엇이며, 그 진리가 무엇을 의미하며, 우리의 삶과 무슨 관계가 있는가를 조직적으로 사고하여 표현하는 것이기 때문에 누구에게나 관심의 대상이 된다. 신학을 공부함으로써 우리는 하나님을 이해하게 되고, 또 하나님께서 우리를 찾아오시는 여러 가지 방법을 체계 있게 기술할 수 있게 된다. 특별한 신학적 가르침, 즉 죄의 용서라든지 혹은 그리스도의 의미 등을 신학적으로 가르치는 것을 교리라고 한다.

1. 웨슬리 신학

웨슬리는 신학적인 면에서 가장 기본적이면서도 중요한 교리를 주장했다. 첫째, 웨슬리는 하나님의 영감으로 기록된 성경이 신앙과 실천에 유일하고도 충분한 기준이 된다고 믿었다. 둘째, 웨슬리는 하나님은 인격적이시며, 그의 본성에는 영원, 지혜, 능력, 정의, 자비, 그리고 진리 등이 있음을 믿었다. 셋째, 그는 예수 그리스도가 과거나 현재를 막론하고 하나님의 중심이며 그를 통하여 우리는 믿음으로 구원을 얻을 수 있음을 믿었다. 넷째, 웨슬리는 교회는 신앙공동체로서 하나님의 말씀이 선포되고, 그리스도의 명령에 준하여 올바르게 살게 되는 곳이라고 믿었다.

교회의 조직이 교인들의 필요에 따라 변하는 것처럼 교회의 신학도 확고부동한 상태에 머물러 있을 수가 없다. 영원히 변함없고 신뢰할

연합감리교회의 특징

만한 교리적 선언을 위하여 과거의 어느 특정한 시대로 다시 되돌아갈 수 있다고 믿는 것은 어리석은 생각이다. 인간의 삶이란 살아 있으면서 성장하기 때문에 인간의 삶과 직접 연관성이 있는 기독교 신학도 인간의 삶과 더불어 전개되지 못하면 생명을 잃게 된다.

2. 하나님

종교강령은 다음과 같이 하나님을 서술하고 있다.

영생하시고 진실하신 하나님 한 분만 계시니, 그는 영원무궁하시고 무형 무상하시며, 권능과 지혜와 선하심이 한이 없으시고, 유형 무형한 만물을 한결같이 창조하시고 보존하시는 분이시다 (1996년 장정 ¶62).

하나님은 삼위일체, 곧 아버지와 아들과 성령으로 우리에게 나타나셨다. 웨슬리에 의하면 하나님은 무한한 지혜와 능력과 사랑의 신으로서 모든 인류를 지극히 자비하신 마음으로 사랑하시는 분이시다. 하나님의 존재는 어떤 말로도 완전하게 정의할 수 없다. 그것은 정의를 내리게 되면 무한하신 존재가 한정된 존재로 변해버리기 때문이다. 신의 존재는 학문적 연구의 대상이 될 수 있다. 그러나 그의 신비를 깊이 아는 길은 그를 체험하는 길 이외에 다른 길이 없다.

◆ 살아계신 하나님

살아계신 하나님은 역사 속에 오셔서 행동하시고 우리 인간들 가운데서 그 능력을 나타내시는 하나님을 의미한다. 살아계신 하나님은 하나님을 실제로 체험할 수 있는 사실을 의미한다.

◆ 인격적이신 하나님

인격적 하나님이라 함은 결단하시고, 말씀하시고, 책망하시고, 사랑하시고, 질투하시는 하나님을 의미한다. 하나님의 의지는 하나님 자신의 것이며 윤리성을 소유하고 있다. 이 윤리성은 인간들 속에서 정의를 찾으시려는 하나님의 모습을 뜻한다. 하나님의 정의는 절대적 정의이고 상대적 또는 제한적인 정의는 아니다. 하나님은 인간이 만든 윤리적 표준으로 규정할 수 없는 의로운 분이시다.

◆ 거룩하신 하나님

하나님이 거룩하시다는 뜻은 하나님은 하나님 자신이시고 인간이 아니시다는 표현에서 잘 드러난다. 그런 의미에서 거룩하신 하나님 은 영광과 최고의 권능을 나타내신다. 거룩하신 하나님은 절대적이 며 인간과 엄격히 구별된다. 이 거룩하다는 개념은 언제나 하나님의 초월성, 하나님의 전능성, 그리고 하나님의 타자성을 의미한다. 거룩 하신 하나님은 정의로 세상을 다스리시는 살아계신 하나님이시다.

◆ 영적 하나님

영적 하나님은 인간 세계에서 활동하시는 살아계신 하나님의 능력 과 목적과 임재의 하나님을 의미한다. 이 능력과 목적은 생의 전체를 하나님께 맡기는 신앙인이라야만 체험할 수 있다.

◆ 창조주 하나님

하나님은 우주만물을 창조하시고 지배하신다. 창조는 하나님의 생 명의 연장이다. 하나님이 만드신 피조물 중에 가장 특색 있는 피조물 인 인간에게 하나님께서는 다른 피조물을 보살피라는 청지기 역할을 맡겨 주셨다.

◆ 유일하신 하나님

신명기의 "이스라엘아 들으라 우리 하나님 여호와는 오직 하나이신 여호와시니"(신명기 6:4)라는 구절은 인간이 오랫동안 하나님과 동행 하면서 얻은 결론이다.

◆ 사랑의 하나님

하나님은 전지전능하신 창조주이기 때문에 어느 사상이나 인간에 제약을 받는 분이 아니시다. 하나님은 그를 사랑하는 사람만을 사랑 하고 그를 사랑하지 않는 사람들을 미워하는 하나님이 아니시다. 사 랑의 하나님은 회개하는 모든 사람을 용서하는 하나님이시다. 사랑의 하나님은 인간을 사랑하는 마음으로 부르시고 인간은 순종하는 마음과 봉사하는 마음으로 그의 사랑에 응답한다.

3. 예수 그리스도

현재까지 알려진 문헌 중에서 예수님의 자서전으로 출간된 책이 한 권도 없다. 예수님의 생애를 기록하고 있는 마태복음, 마가복음, 누가복음, 그리고 요한복음에도 예수님의 사생활에 관한 상세한 역사적 기록보다는 신앙을 깨우치고 진리를 나타내려는 의도가 더 강했음을 우리는 알 수 있다.

복음서들은 고통과 믿음과 소망 속에서 사람들이 오랫동안 준비하며 기다리던 그리스도의 오심을 기록하고 있다. 구약성경에 나타난 약속의 때가 이르자 하나님께서는 구세주를 이 세상에 보내셨다.

예수님은 비천한 목수의 가정에서 태어나셨다. 예수님의 소년 시절을 우리는 전혀 알 길이 없고 다만 예수님이 열두 살 되었을 때 예루살렘 성전에서 그의 지혜와 지식으로 그곳에 모인 교사들을 놀라게 하였다는 누가복음의 기사만을 우리는 알고 있을 뿐이다.

복음서에 나타난 기록에 의하면 예수님은 요단강에서 세례 요한에게서 세례를 받음으로써 그의 공생애를 시작하셨다. 예수님은 그의 공생애를 시작하면서 인간으로 당면해야 할 고난을 광야에서 시험을 통해 당하셨다. 예수님은 40여 일 동안 광야에 홀로 계셨을 때 돌로 빵을 만들라는 시험과, 성전 탑에서 뛰어내려 천사로 하여금 구하게 하라는 시험과, 만일 사단에게 엎드려 경배하면 이 모든 것을 그에게 주리라는 사단의 시험을 받으셨다 (마태복음 4:1-11).

◆ 하나님 나라

세례 요한이 잡혔다는 소식을 듣고 예수님이 전도사업을 시작했을 때, 예수님도 세례 요한과 같이 "회개하라 천국이 가까왔느니라"라고 전파하셨다. 그러나 세례 요한이 천국의 도래를 위협적인 면에서 보았다면 예수님은 기쁜 면에서 보셨다. "독사의 자식들아 누가 너희를 가르쳐 임박한 진노를 피하리라 하더냐?" (마태복음 3:7). "좋은 열매 맺지 아니하는 나무마다 찍어 불에 던지우리라"(마태복음 3:10)는 것이 세례 요한이 광야에서 외친 내용의 요점이었다. 예수님이 전파한 하나님 나라는 심판과, 벌과, 용서와, 자비가 겸한 내용이었으며 하늘 나라의 본질을 사랑의 행위로 보여주셨다. 예수님은 악령을 쫓아냈으며, 영육간에 병들은 자들을 고쳐주셨다. 하나님 나라는 병든 자가 고침을 받고 억눌린 자가 희망과 해방을 가지게 되는 것임을 직접 행위로 보여주셨다. "내가 하나님의 성령을 힘입어 귀신을 쫓아내는 것이면 하나님의 나라가 이미 너희에게 임하였느니라" (마태복음 12:28).

"나를 따르라"는 예수님의 말씀을 다르게 표현한다면 예수님은 남녀노소를 막론하고 모든 사람을 하나님 나라에 참여하도록 부르셨다는 것을 의미한다. 특히 예수님이 열두 제자를 부르셨을 때 그들은 모든 것을 다 버리고 예수님을 따랐다. 복음서 기자들에게는 열둘이라는 숫자가 이스라엘의 새로운 열두 지파를 상징했다. 예수님으로부터 부름을 받은 열두 제자의 직업을 보면 그 당시 갈릴리 지방의 생활양태를 잘 알 수 있다. 시몬 베드로와 안드레, 야고보와 요한은 어부였었고, 마태는 가버나움에 있는 세리였다. 예수님의 십자가 사건이 일어나기 전까지 열두 제자는 너무나도 연약한 인간들이었다. 제자들은 하나님께서 선택하신 평범한 인간들이었음이 복음서 전체를 통하여 잘 묘사되어 있다. 이는 하나님께서 구약 시대의 열두 지파를 선택하셨던 경우와 동일하다. 구약의 열두 지파는 특별히 거룩하다거나 유별나게 재능이 있어서 선택받는 것이 아니라 우리와 같은 평범한 인간들이었다.

예수께서 선포하신 하나님 나라는 우리가 기대하는 권력과 명예로는 들어갈 수 없는 나라였다. "심령이 가난한 자는 복이 있나니 천국이 저희 것임이요" (마태복음 5:2), "애통하는 자", "온유한 자", "의에 주리고 목마른 자", "긍휼히 여기는 자", "화평케 하는 자", "의를 위하여 핍박을 받는 자"는 복이 있다고 예수님은 말씀하셨다. 이 세상에서 가장 천하게 여김을 받는 사람들이 가장 크게 복을 받는다는 것이 예수님의 말씀이었다.

하나님 나라에서는 "나중 된 자가 먼저 된다"고 했고 "세리들과 창기들이 너희보다 먼저 하나님의 나라에 들어가니라"고 마태복음 21:31에 기록되어 있다.

예수님은 하나님 나라에 대하여 말씀했을 뿐만 아니라 항상 그 나라를 보여주기도 하셨다. 그는 세상에서 멸시받는 세리와 죄인들과 식사를 같이 나누었고, 간음한 여인을 벌하지 않았으며, 로마 정부에 세금을 거두어 바치던 삭개오를 배척하지 않으셨다. 그리고 "가장 낮은 자"들과 이방인들에게 탕자의 비유에 나타나는 "아버지의 사랑"을 보여주셨다.

세례 요한이 옥에서 예수님이 행하신 일들을 듣고 제자들을 보내어 "오실 그이가 당신이오니까 우리가 다른 이를 기다리오리까"라고 물었을 때 예수님은 "소경이 보며 앉은뱅이가 걸으며 문둥이가 깨끗함을 받으며 귀머거리가 들으며 죽은 자가 살아나며 가난한 자에게 복음이 전파된다"고 요한에게 전하라고 말씀하셨다 (마태복음 11:3-5).

예수님을 반대하던 서기관들은 예수님이 "귀신의 왕을 힘입어 귀신을 쫓아낸다"고 비판하였다 (마가복음 3:22).

예수님의 도덕적 가르침은 놀라왔다. "옛 사람에게 말한 바 살인하지 말라"고 너희가 들었으나 "나는 너희에게 이르노니 형제에게 노하는 자마다 심판을 받게" 된다고 말씀하셨다. 형제에게 "미련한 놈이라 하는 자는 지옥 불에 들어가게 되니라", "눈은 눈으로, 이는 이로 갚으라 하였다는 것을 너희가 들었으나 나는 너희에게 이르노니 악한 자를 대적하지 말라 누구든지 네 오른편 뺨을 치거든 왼편도 돌려 대라"고 말씀하셨다.

예수님은 규율이나 규칙보다 고차원적인 비유를 사용하셨다. 예수님은 좁은 길로 가야 하나님 나라에 들어갈 수 있다고 하셨다. 예수께서 한 부자 청년에게 그가 가진 모든 것을 팔아 가난한 사람들에게 나누어주라고 했을 때 부자 청년이 그것을 실천하지 못하고 예수님을 떠났던 것처럼 많은 사람들은 제자가 되기 위하여 험난한 길을 따르기보다는 예수님의 곁을 다 떠나버렸던 것이다.

예수님을 둘러싸고 많은 논쟁이 있었다. 그가 진실로 구세주였다면 왜 자신을 왕으로 자칭하지 않으셨는가? (요한복음 6:15). 예수님이 참 예언자였다면 왜 그는 죄인의 친구가 되셨는가? (누가복음 7:36-50). 예수님이 이스라엘의 속죄자로 오셨다면 왜 그는 이스라엘 민족이 가장 귀하게 지키는 전통을 그의 제자들이 지키지 못할 때에 방관하셨는가? (누가복음 13:10-17). 평민들이 예수님의 가르침에 영향을 받을까 두려워하던 정치계와 종교계의 지도자들은 예수님을 더욱 신랄하게 비판하였다. "선지자가 자기 고향과 자기 집 외에서는 존경을 받지 않음이 없느니라"는 말은 예수님의 고향 사람들도 예수님을 믿지 않았음을 단적으로 잘 표현해 주고 있다 (마태복음 13:57).

예수님의 제자들도 예수님의 공생애가 끝나는 그때까지 예수님의 왕되심과 하늘 나라의 본질을 이해하지 못했다. 예수님은 "인자가 많은 고난을 받고 장로들과 대제사장들과 서기관들에게 버린바 되어 죽임을 당하고 사흘만에 살아야 할 것"을 제자들에게 가르쳤을 때 베드로는 예수님의 가르침을 이해하지 못했다 (마가복음 8:31-33). 세상을 이처럼 사랑하시어 고난을 기꺼이 당하시는 하나님을 이해하기란 인간의 상상력을 초월하는 것이었다. 예수님은 하나님 나라를 실현하기 위하여 치러야 하는 희생의 대가를 깊이 생각했음을 의심할 여지가 없다.

◆ 금요일 오후

유월절을 기념하기 위하여 예루살렘으로 올라가는 순례자들의 대열에 예수님도 그의 제자들과 함께 참여하셨다. 예수께서 예루살렘에 입성하셨을 때 많은 무리들이 그를 환영하였다.

호산나 찬송하리로다 주의 이름으로 오시는 이여 찬송하리로다
오는 우리 조상 다윗의 나라여 가장 높은 곳에서 호산나 하더라
(마가복음 11:9-10).

예수님은 왕의 옷을 입고 늠름한 모습으로 예루살렘에 입성한 것이 아니라 보잘것없는 나귀를 타고 온유하고 인간애가 넘치는 평민의 모습으로 입성하셨다.

예수님은 예루살렘에 입성한 그 이튿날 성전에 들어가 성전 안에서 매매하는 자들을 내쫓으며 돈 바꾸는 자들의 상과 비둘기 파는 자들의 의자를 둘러엎으며 "내 집은 만민의 기도하는 집이라 칭함을 받으리라……너희는 강도의 굴혈을 만들었도다"(마가복음 11:17)라고 하면서 예루살렘 성전을 숙청하셨다.

예수님의 예루살렘 성전 숙청은 정치와 경제적인 면에서의 숙청이 아니라 종교적인 도전을 의미했다. 이렇게 되자 예수님에 대한 분노와 반대가 더욱 커져 갔다.

성전에서 예수님은 눈먼 자와 절름발이들을 고쳐 주셨다. 또 억압

        연합감리교회의 특징

당한 자를 멸시하고 평민에게 무거운 짐을 지우면서 자신만이 의롭다고 주장하는 종교지도자들을 나무라면서 무리들을 가르치셨다.

예수님은 지상에서의 삶이 얼마 남지 않았음을 아시고 하루는 어느집 다락방에 모였을 때에 그는 빵을 들어 축복하고 떼어 제자들에게 주면서 "받으라 이것이 내 몸이니라"(마가복음 14:22) 하시고 또 잔을 들어 "이것은 많은 사람을 위하여 흘리는바 나의 피 곧 언약의 피니라"(마가복음 14:24)고 말씀하셨다.

이 자리에는 예수님을 팔아 넘길 음모를 꾸미고 있던 가룟 유다도 참석하고 있었다. "보라 나를 파는 자의 손이 나와 함께 상위에 있도다"(누가복음 22:21).

예수님은 기도하기 위하여 다락방에서 겟세마네 동산으로 옮겨가셨으며, 날이 새기 전 배반자 유다가 예수께 입맞춤으로 무장한 무리들에게 신호를 주자 그들은 예수님을 체포했다. 그때에 제자들은 모두 두려워하며 예수님을 버리고 어둠 속으로 달아났다.

예수님을 심문하던 빌라도는 "그대가 유대인의 왕인가?" 하고 심문했다. "그대가 과연 하나님의 아들 그리스도인가?" 하고 대제사장이 물었다.

누가복음에서는 "그렇다"라고 예수님께서 대답하셨지만 다른 복음서에는 분명한 대답이 기록되어 있지 않다. 예수님은 그의 공생애 기간 중 구세주라는 칭호를 사용하기를 피하셨다. 그 칭호를 사용하면 오히려 오해를 불러일으킬 우려가 많았기 때문이다. 여하튼, 예수님은 그가 백성들을 선동하여 로마 정부에 반기를 들려고 했다는 죄명과, 로마 정부에 세금 바치기를 거부했다는 죄명과, 스스로를 그리스도이자 왕이라고 자처했다는 죄명으로 십자가에서 처형을 당하게 되셨다 (누가복음 23:2). 그 당시의 십자가 처형은 로마 시민을 제외한 범죄자들 중에서 최악의 범죄자에게 집행되었으며 이것은 가장 심한 고통을 주는 최악의 형벌이었다.

예수님을 십자가에 매달던 관원들과 군인들은 비웃으면서 "저가 남을 구원하였으니 만일 하나님의 택하신 자 그리스도여든 자기도 구원할찌어다"(누가복음 23:35)라고 하면서 예수님을 희롱했다. 예수님은 저들의 모욕과 조롱소리를 들으면서 마침내 숨을 거두셨다.

예수께서 숨을 거두실 때 온 땅이 어둠으로 뒤덮였는데, 이것은 독생자 예수님을 세상이 거절한 데 대한 하나님의 심판의 상징이라 할 수 있다. 동시에 성전 휘장이 위에서 아래로 두 폭으로 갈라졌는데, 이는 인간과 하나님이 분리되었음을 암시하는 것이다. 예수님은 종의 모습으로 오셔서 의로운 삶을 살다가 결국 자신의 생명을 인간의 속죄물로 바치셨던 것이다. 예수님의 시체는 아리마대 요셉에 의해 무덤에 안장되었다.

◆ 일요일 아침

십자가의 처형으로 인하여 삼 년 동안 복음전파에 몰두하셨던 예수님의 업적은 끝장이 난 것처럼 보였다. 실망에 가득 찬 두 제자가 엠마오로 가는 길에서 낯선 사람에게 이렇게 말했다.

나사렛 예수의 일이니 그는 하나님과 모든 백성 앞에서 말과 일에 능하신 선지자여늘 우리 대제사장들과 관원들이 사형 판결에 넘겨 주어 십자가에 못 박았느니라 우리는 이 사람이 이스라엘을 구속할 자라고 바랐노라 (누가복음 24:19하반절-21상반절).

이렇게 제자들이 실망에 잠겨 있었을 때 예수님이 다시 살아나셨다는 소식을 듣게 되었다. 예수님이 장사된 지 사흘째 되던 일요일 아침에 그를 따르던 여인들은 무덤이 비어 있는 것을 발견하였다. 그후 예수님은 베드로에게 나타나셨고, 또 다른 제자들에게 나타나셨다. 그후에 오백여 형제들에게 나타나셨고 야고보와 바울에게도 나타나셨다 (고린도전서 15:5-7).

예수께서 돌아가신 후 두려움과 실망 속에서 살던 그의 제자들은 부활을 체험한 후 다시 모여 새로운 공동체를 이루었다. 이 공동체는 하나님께서 예수 그리스도를 통하여 죄악, 어둠, 죽음의 권세를 이기고 승리하신 기쁨을 선포하게 되었다. 예수 그리스도 안에서 인간은 죄로 인하여 속박되어 살던 노예 속성으로부터 해방을 얻게 되었다. 예수님이 인간과의 관계를 새롭게 하시고, 죄악과 죽음에서 인간을 구속하기 위하여 이 세상에 다시 오셨다고 하는 확신이 기독교를 탄생시켰다. 예수님은 그를 저버리고 실망시킨 사람들에게 다시 나타나셔서 하나님 나라를 이 세상에 이룩하려는 그의 목적에 그들도 참여하도록 초청하셨다. 다시는 죄악과 억압과 죽음의 힘이 주도권을 잡지 못하게 되었다.

연합감리교회의 특징

◆ 예수 그리스도와 하나님께 이르는 길

　짧은 생애를 살다가 십자가에서 처형당하고 죽은 후 다시 부활하신 예수님을 이해하지 못하고는 하나님을 만날 수 없다고 그리스도인들은 믿는다. 우주를 창조하신 하나님께서 예수님을 통해 오셨다는 사실을 그리스도인들은 믿는다. 그런 의미에서 예수 그리스도를 생각하지 않고서는 하나님에 대하여 생각할 수 없다. 즉 하나님에 대한 이해는 예수님을 이해할 수 있을 때 가능하다. 요한복음은 하나님과 예수님의 관계를 "본래 하나님을 본 사람이 없으되 아버지 품속에 있는 독생하신 하나님이 나타내셨느니라"(요한복음 1:18)고 표현하였다. 사도 바울도 "하나님께서 그리스도 안에 계시사 세상을 자기와 화목하게 하셨다"(고린도후서 5:19)라고 말했다. 하나님은 그리스도 안에 계시고, 그리스도 안에서 하나님은 인간의 삶 속에 들어오시어 인간을 구원하신다. 그리스도 안에서 우리는 하나님을 볼 수 있게 되었다.

　제자들이 한번은 예수께 다음과 같이 간청했다: "주여 아버지를 우리에게 보여 주옵소서 그리하면 족하겠나이다." 이 질문에 예수님은 "나를 본 자는 아버지를 보았거늘 어찌하여 아버지를 보이라 하느냐?"(요한복음 14:8-9)라고 말씀하셨다. 우리는 그리스도를 보면 하나님을 본 것이다. 예수님 안에 하나님께서 나타나신 사실을 쉽게 믿는 사람이 있는가 하면, 또 어떤 이들은 그를 가리켜 도덕을 가르치는 윤리 교사로만 생각하는 사람도 있다. 그래서 예수님은 한때 제자들에게 "사람들이 인자를 누구라 하느냐?"(마태복음 16:13)라고 물으셨다. "주는 그리스도시요 살아 계신 하나님의 아들이니이다"(마태복음 16:16)라고 베드로가 대답하였다. 그러자 예수님은 베드로에게 "이를 네게 알게 한 이는 혈육이 아니요 하늘에 계신 내 아버지시니라"(마태복음 16:17)라고 대답하셨다. 간단히 말하면 그리스도를 통해 하나님을 볼 수 있는 길은 우리에게 나타나신 예수님을 받아들이는 것이다. 우리 인간들은 과학적인 탐구로 그리스도를 알 수 없다. 예수님에 관한 역사적인 분석이나 과학적인 실험으로 하나님이 그리스도 안에 계시다는 사실을 입증할 수 없다. 우리는 객관적인 방법으로 역사적 사실과 인물들을 이해하듯이 그리스도를 이해할 수는 없다. 이해란 우리에게 보여질 때에만 가능하다. 우리는 그리스도를 이해하기보다는 그리스도를 받아들여야 한다. 우리는 그리스도를 붙잡으려고 하기보다는 우리가 그리스도에게 붙잡혀야 한다.

예수께서 "갈릴리에 오셔서 하나님의 복음을 전파"하였을 때 처음으로 하신 말씀은 "회개하고 복음을 믿으라"였다 (마가복음 1:14-15). 즉 회개하고 믿으라는 이 두 단어는 그리스도를 받아들여야 한다는 원칙을 전제로 한다. 회개라는 말의 뜻은 우리가 가던 방향을 바꾸어 그리스도가 원하는 길로 갈 수 있을 때까지 계속 우리의 과거를 뉘우치는 것을 의미한다. 또한 믿는다는 것은 이성의 힘에 의해서만 이루어지는 것을 의미하지 않는다. 성경에 나타난 "믿는다"는 단어는 마음과 뜻을 다하여 진리를 사모하는 전 인격을 의미한다.

엄밀히 말해서 우리가 예수님을 우리 마음속에 모시는 것이 아니라 그리스도가 우리를 받아주시는 것이다. 우리가 그리스도에게 우리의 삶을 드리는 것이 아니라 그리스도가 우리를 붙잡아 주시는 것이다. 그리스도에 대한 이러한 이해를 가리켜 칼 빨트(Karl Barth)는 "우리는 주인이 아니라 주인에게 지배당하는 존재"라고 말했다. 그리스도를 이해하기 위해서는 그를 받아들일 수 있는 자세가 준비되어 있어야 한다. 그리스도가 우리의 생 전체를 좌우할 수 있을 때 우리는 그를 이해하게 된다.

◆ 십자가와 하나님의 대속

사도 바울은 그리스도를 단순히 하나님을 드러내는 분으로 보지 않는다. 그는 더 나아가서 그리스도가 하나님이라고 말한다. 그리스도는 우리를 구원하기 위해 역사하는 하나님이시다. 하나님께서 그리스도 안에 계셨다. 목수인 예수님을 통하여 하나님께서는 하나님과 인간의 관계를 변화시키셨다.

초대교회의 설교 내용 중 그리스도에 대한 이야기가 다음과 같이 요약되어 있다.

성경대로 그리스도께서 우리 죄를 위하여 죽으시고 장사 지낸바 되었다가 성경대로 사흘만에 다시 살아나사 게바에게 보이시고 후에 열 두 제자에게 나타나셨다 (고린도전서 15:3-5).

그리스도께서 가르치시고, 병을 고치시고, 죽으셨다가 다시 살아나신 부활의 열매는 그리스도의 대속이었다. 예수 그리스도 안에서 하나님은 이 세상을 자신의 위치로 올리셨다. 그리스도 안에서 우리는 하나님과 화목하게 되었다. 이것이 바로 그리스도의 대속이다.

그리스도의 생애와 모든 행위에서 이와 같은 대속을 엿볼 수 있지만 십자가 사건에서 우리는 대속의 극치를 볼 수 있다. 십자가에 달림으로써 예수님은 인간의 고통의 잔을 마셨다. 예수님이 십자가에 달림으로 인하여 사형 도구로 쓰여지던 십자가가 위대한 사랑의 상징으로 변했다. 하나님께서는 우리가 살고 있는 곳까지 오셔서 그의 사랑을 인간화시키셨다. 십자가 사건을 통하여 하나님의 사랑에는 절대적으로 제한이 없음을 깨달았다. "하나님이 세상을 이처럼 사랑하사 독생자를 주셨으니"(요한복음 3:16상반절) 이 얼마나 귀한 대속인가! 십자가가 사랑의 상징이라는 것을 이성으로 이해하기는 불가능하다. 이것은 신비라고 할 수밖에 없다.

4. 성령

그리스도의 생애, 교훈, 행적은 하나님의 성품을 우리에게 보여준다. 그리스도의 십자가는 우리를 하나님의 사랑에로 더 가까이 인도해 주고 하나님과의 깨어진 관계를 회복시켜줌으로써 하나님과 우리 사이의 간격을 없애 준다. 그리스도의 생애, 죽음, 부활은 단순히 역사적인 사건만이 아니라 성령의 현존을 의미하며 하나님은 지금 여러 가지 방법으로 스스로를 계시하고 계신다.

내가 너희를 고아와 같이 버려두지 아니하고 너희에게로 오리라 (요한복음 14:18).

예수님이 이렇게 약속하심으로써 누가가 쓴 사도행전에 의하면 오순절에 많은 사도들이 한곳에 모였을 때 성령께서 임하셨다.

홀연히 하늘로부터 급하고 강한 바람 같은 소리가 있어 저희 앉은 온 집에 가득하며 불의 혀 같이 갈라지는 것이 저희에게 보여 각 사람 위에 임하여 있더니 (사도행전 2:1-3).

또 어떤 이들은 조롱하여 저희가 새 술에 취하였다고 했다.

오순절은 교회의 탄생일이었다. 베드로는 이 놀라운 체험으로 어안이 벙벙해진 오순절에 모인 군중을 향하여 설교했다.

> 너희가 회개하여 각각 예수 그리스도의 이름으로 세례를 받고 죄사함을 얻으라 그리하면 성령을 선물로 받으리니 이 약속은 너희와 너희 자녀와 모든 먼데 사람 곧 주 우리 하나님이 얼마든지 부르시는 자들에게 하신 것이라 (사도행전 2:38-39).

다시 사신 그리스도로부터 성령을 받은 후 교회는 이제 그 성령을 다른 사람에게 나누어주기 시작했다. 성경에서는 성령을 하나님의 신비로운 권능의 선물로 연상시켜 주는데, 이 권능은 주로 하나님의 중요한 일을 성취시키는 능력을 말한다. 우리는 일상생활 속에서 체험하는 하나님의 임재와 역사 속에서 활동한다고 믿는 하나님의 임재를 성령이라고 부른다. 마리아에게는 예수님을 낳기 전에 성령께서 임하셨다 (누가복음 1:35). 예수님도 그가 세례 받으셨을 때에 성령을 받으셨는데, 그는 이 성령으로부터 그의 공생애를 시작하는 권능을 받으셨다 (누가복음 3:21-22). 예수님이 나사렛에서 첫 설교를 하셨을 때에도 성령께서 그와 함께 하셨다 (누가복음 4:16-30).

이 성령이 다시 사신 그리스도로 말미암아 그를 따르는 제자들에게 임함으로써 그들은 성령이 충만해지고 또 권능을 받고 강건해져서 이 세상에 복음을 전파하는 능력을 받게 되었다. 그리스도를 따르는 모든 사람은 누구든지 세례를 통하여 성령을 받게 되는데, 이것은 성령이 처음 믿은 소수의 사람들에게만 임한 것이 아니라 "너희와 너희 자녀"에게 하신 하나님의 약속이기 때문이다.

성령은 그리스도인이 선택해서 지녀야 할 내용이 아니다. 성령은 우리들이 그리스도인이 된 그날부터 우리의 생애를 주관하는 실체이다. 성경을 읽을 때 전부터 수천 번 들어 잘 아는 성경구절이 갑자기 우리의 마음을 사로잡는 경험을 가진 적이 있는가? 우리의 마음을 사로잡는 이 사실이 바로 성령의 역사이다.

우리가 주일예배에 마지못해 참석한 후 기도, 설교, 찬송, 예배의식 전체를 통하여 어떤 의미를 찾지 못하고 있을 때 갑자기 신선한 바람이 소맷귀를 스치듯 지나가면서 다시 삶의 생기와 기쁨을 얻었던 체험이 있는가? 이러한 체험 때문에 답답해진 마음 문을 열고 예배를 의미 있게 드렸던 적이 있는가? 이 순간 하나님이 우리에게 가까이 하신다는 체험을 하면 예수께서 니고데모에게 하신 말씀의 의미를 이해하게 될 것이다.

바람이 임의로 불매 네가 그 소리를 들어도 어디서 오며 어디로 가는지 알지 못하나니 성령으로 난 사람은 다 이러하니라 (요한복음 3:8).

우리가 예배를 드리기 위하여 모일 때 하나님의 영이 우리와 함께 하신다. 바람 혹은 호흡이라는 뜻의 희랍어 프뉴마(Pneuma)가 신약성경에서 사용한 "영"과 같은 단어라면, 이제 우리들은 우리와 함께 하시는 성령을 이해하기 쉬울 것이다.

어떤 사람에게는 성령의 은사가 때로는 방언으로, 또는 병 고침으로 또는 전혀 예기하지 못한 특별한 은사로 나타난다. 그러나 대부분의 사람들은 기쁨, 평화, 위안, 용기, 그리고 인내 등 우리들이 일상생활에서 꼭 필요한 은사를 받는다 (갈라디아서 5:22-23). 성령께서 무엇을 우리에게 주시든지 간에 우리는 이것을 선물로 받는 것이지 결코 수고하여 얻는 대가가 아니다. 이 선물은 하나님의 역사를 돕기 위한 목적으로 우리가 받는 것이지 결코 개인의 안락을 위한 것이 아니다. 사도 바울은 고린도 교회에 첫 편지를 쓰면서 성령의 은사는 많으나 그 중의 제일은 사랑이라고 했다 (고린도전서 13:13). 각 사람에게 성령을 주심은 유익하게 (공동의 이익을 위하여) 하려 함이라고 바울은 말했다 (고린도전서 12:7).

은사는 여러 가지나 성령은 같고 직임은 여러 가지나 주는 같으며……각 사람에게 성령의 나타남을 주심은 유익하게 하려 하심이라……몸은 하나인데 많은 지체가 있고 몸의 지체가 많으나 한 몸임과 같이 그리스도도 그러하니라 우리가 유대인이나 헬라인이나 종이나 자유자나 다 한 성령으로 세례를 받아 한 몸이 되었고 또 다 한 성령을 마시게 하셨느니라 (고린도전서 12:4-5, 7, 12-13).

그러므로 오늘도 우리들이 살아갈 때에 성령은 하나님께서 우리와 함께 하신다는 사실을 일깨워 주신다.

5. 교회

기독교 신앙은 개인의 가치를 인정하고 높이 평가하지만, 그 신앙은 또한 공동생활의 가치도 강조한다. 예수님은 각 개인을 믿음의 길로 인도했을 뿐만 아니라 그들을 신앙공동체로 불러들이셨다. 예수님은 자신이 겪은 경험과 같이 그리스도인들이 나아가야 할 길은 험난하고, 자기의 목숨까지 내주어야 하는 삶을 살아가야 하는 어려움을 보고, 서로의 도움과 의지 없이는 삶을 지탱하기가 어렵다고 생각하셨을는지도 모른다. 예수님은 자기 만족만을 위한 개인적인 신앙을 말한 예가 전혀 없으시다. 예수님의 제자가 된다는 것은 집단의 한 지체가 되는 것을 의미한다. 신약성경에서 "그리스도 안에서"라는 표현은 그리스도의 몸, 즉 여럿이 모여 한 몸을 이룬다는 복수의 의미를 내포하고 있다.

이러한 신앙공동체는 단순히 상호 존경하는 사회도 아니요, 또 같은 사상과 의견, 그리고 동일한 민족 배경과 비슷한 경제 수준 때문에 모인 집단도 아니다. 교회는 하나님께서 그리스도 안에서 우리를 불러 주셨기 때문에 생긴 신앙공동체이다. 하나님의 말씀을 함께 듣고 또 하나님의 뜻을 함께 실천하려고 모인 것이 신앙공동체이다. 하나님께서 우리 각자에게 주신 능력과 재능으로 하나님의 뜻을 수행하기 위해서는 격려와 자극을 서로 나눌 수 있는 신앙공동체가 필요하다.

전통적으로 연합감리교회는 기독교인의 성장과 구원의 핵심처로서의 교회를 강조해 왔다. 초기 감리교인들은 기도하고, 말씀을 듣고, 그리고 친교를 위하여 일주일에 한 번씩 신도회(Society)라고 불리는 모임과 속회라는 모임을 가졌다. 이러한 작은 모임을 개체교회와 동일하게 다룰 수 없지만 이러한 모임들은 교회 내에서 신앙을 새롭게 하는 데 큰 역할을 담당했다.

교회는 우리의 믿음을 유지하기 위하여 다른 사람의 도움과 사랑이 필요할 뿐만 아니라 다른 사람들도 믿음을 지켜 살아갈 수 있도록 우리의 사랑과 도움을 나눌 수 있는 상호 은혜의 나눔을 필요로 한다. 우리는 섬김을 받기보다는 섬기기 위해 교회에 참여한다.

몸은 하나인데 많은 지체가 있고 몸의 지체가 많으나 한 몸임과
같이 그리스도도 그러하니라 우리가 유대인이나 헬라인이나 종
이나 자유자나 다 한 성령으로 세례를 받아 한 몸이 되었고 또
다 한 성령을 마시게 하셨느니라……몸 가운데서 분쟁이 없고 오
직 여러 지체가 서로 같이 하여 돌아보게 하셨으니 만일 한 지체
가 고통을 받으면 모든 지체도 함께 고통을 받고 한 지체가 영광
을 얻으면 모든 지체도 함께 즐거워하나니 너희는 그리스도의 몸
이요 지체의 각 부분이라 (고린도전서 12:12-14, 25-27).

이 말은 교회가 성령의 역사하심을 연장하고 있다는 뜻이다. 교회
는 복음 선포와 화해를 위한 예수님의 사명을 계승하기 위해 조직되었
다. 이러한 이유 때문에 하나님께서는 우리에게 교회를 허락해 주셨
다. 성경에 의하면 교회는 인류를 구원하신 구주를 아는 그때부터 구
주를 받아들이기 위해 사람들이 함께 모인 자연적 모임이다. 교회란
하나님께서 부르신 집단이며 하나님의 약속을 알기 때문에 모여야 할
이유를 찾는 사람들의 모임이다.

교회는 그리스도의 몸으로 보일 때도 있고 때로는 사교 단체처럼 보
일 때도 있다. 교회와 의견이 맞을 때도 있지만 그렇지 못할 때도 있
다. 담대하고 용기 있게 해 나갈 때도 있지만 안이함을 택하여 위험
을 피하기도 한다. 교회는 신앙이 견고할 때도 있지만 한없이 연약하
게 보일 때도 있다. 좋건 나쁘건 교회는 그리스도가 이 세상에서 취
하여 택한 유일한 형태이다.

이제 우리들이 정식으로 참여하려는 교회는 그리스도의 몸으로 우
리들에게 이미 세례를 주었고, 우리들의 신앙 성장을 위해 크고 작은
길을 보여준 곳이다. 교회는 우리들이 접목한 나무이고, 우리를 식구
로 받아들인 가정이다. 교회는 우리를 시민으로 받아들이는 거룩한
나라이며, 우리를 죽음에서 건져내는 생명의 장소이다.

오직 너희는 택하신 족속이요 왕 같은 제사장들이요 거룩한 나라
요 그의 소유된 백성이니 이는 너희를 어두운데서 불러내어 그의
기이한 빛에 들어가게 하신 자의 아름다운 덕을 선전하게 하려
하심이라 (베드로전서 2:9).

6. 신조란 무엇인가?

신조란 기독교 신앙 중에서 가장 중요한 교리들을 집약하여 선언한 것이다. 신조는 대개 어떤 운동의 초창기나 혹은 교단의 초창기에 형성된다. 그런 후에 신조는 개인이나 교리가 본래의 신앙에 위배되는지 안 되는지를 판가름하는 엄격한 표준이 된다. 어떤 그룹은 성문화된 신조가 없는 대신 독특하고 강력한 신앙을 가지고 있어서 이것이 그들에게 신조의 역할을 한다.

웨슬리와 그의 추종자들은 어떤 신조를 받아들일 때만이 감리교인이 될 수 있다고 말하지 않았다. 그와 동시에 감리교인들은 어떤 신조의 사용에도 주저하지 않았다.

신조들의 근원

1988년 총회가 인정한 연합감리교 찬송가(The Book of Hymn)와 1992년 총회에서 인정한 연합감리교 예배서(The Book of Worship)에는 예배드릴 때 사용할 수 있는 여러 개의 신조들이 수록되어 있으나, 한인연합감리교회들이 사용하는 찬송가에는 신조들이 제한되어 있다.

한인교회에서는 사도신경을 가장 많이 사용하고 있다. 현재 우리가 사용하는 사도신경은 중세기 이후에 형성된 것이지만 이와 근본적으로 동일한 형태가 이미 주후 2세기에 있었고, 또 4세기에 열렸던 니케아 회의에서도 사도신경을 책정하였다.

니케아 (Nicaea) 신경은 4세기에 모였던 니케아 회의에서 만들어졌고, 그후 수정되어 5세기 이후부터 점차 널리 사용되었다. 니케아 신경과 사도신경은 지나간 16세기 동안 기독교 예배에서 널리 사용되어 왔다. 이것은 교회 전통의 중요성을 설명해 주는 좋은 예이다.

기독교 대한감리회 교리적 선언(The Korean Creed)은 한국감리교회가 1930년에 남북감리교회가 통합하면서 채택한 신조이다. 이 신조는 한국남북감리교회의 통합을 위하여 준비하던 도중 헐버트 웰취 (Herbert Welch) 감독과 세 한국인 목사들이 작성하였다. 웰취 감독이 동양인에게 특별히 적절하다고 생각한 선언문을 제시한 것을 한국감리교회 위원들이 약간의 수정을 가한 후 위원회의 승인을 거쳐 한국감리교회 총회가 그것을 정식으로 채택하였다.

7. 그리스도인은 누구인가?

그리스도인은 교회에서 행하는 세례를 통하여 하나님의 역사하심을 체험한 후 자신의 삶을 통해 그리스도의 사랑을 몸소 실천하는 사람이다. 그리스도인은 하나님께서 그의 독생자를 세상에 보내주셨고, 그의 독생자 예수님이 이 땅에서 인간의 모습으로 사셨고, 십자가에서 죽으셨고, 또 삼 일만에 다시 부활하신 후 제자들과 함께 생활하시다가 승천한 사실을 믿는 사람들이다.

그리스도인이 되는 길은 여러 가지가 있다. 하나님은 오직 한 가지 방법으로만 인간을 변화시키지 않는다. 하나님이 어떠한 방법으로 우리를 변화시키느냐 하는 질문이 중요한 것이 아니라 하나님이 우리를 변화시키기 위하여 그리스도 안에서 역사하셨는데 그리스도를 통한 하나님의 역사에 우리가 어떻게 응답하느냐가 더 중요하다. 하나님께서 우리를 변화시키려는 역사에 우리가 어떻게 응답하고 있는지는 모르나 지금 그 과정 중에 있는 것만은 사실이다. 그러므로 우리의 마음이 하나님을 떠나 있으면 그의 사랑을 체험할 수 없다.

그리스도인은 구원을 체험하는 사람이다. 구원이란 말의 어원은 라틴어의 "살바레"(Salvare)란 단어에서 유래하며 "구출" 또는 "구조"란 뜻이다. 또한 치료하는 데 쓰이는 "연고"라는 뜻을 가진 "살베"(Salvare)라는 단어에서 파생된 말이다. 이런 의미에서 우리가 구원을 받았다 함은 우리의 생 전체가 구원을 얻었다, 구해냄을 받았다, 치료를 받았다는 뜻이 된다.

오늘날 우리들은 수많은 종류의 종교, 과학문명, 다양한 철학사상권 속에서 생활하고 있다. 이들은 모두 제나름대로 구원을 약속하고 있다.

기독교 신앙에서 말하는 구원은 노동이나 노력의 대가로 얻어질 수 있는 것이 아니라 선물인 것이다. 성경에 나타난 구원은 우리 개인의 삶에서 체험되는 은혜로서의 구원이다. 우리는 현재의 자신 모습보다 더 훌륭하게 지음을 받았음을 인식하고 항상 지금보다 더 훌륭한 인간이 되기를 희망한다. 그러나 우리가 최선의 노력을 한다고 하더라도 우리는 본래의 완전한 인격에 도달할 수 없는 피조물이다.

그러므로 우리는 창조주이신 하나님의 도우심이 필요하며 그분만이 우리가 해결할 수 없는 일을 해결하실 수 있다. 우리의 본래 모습을 찾기 위해 노력하는 우리들을 하나님께서는 부르신다. 우리를 구원하기 위하여 자신을 우리에게 보여주셔서 우리를 변화시켜 주시고, 마침내 우리를 하나님 자신과 동등하게 해 주신다.

저에게 의로 여기셨다 기록된 것은 아브라함만 위한 것이 아니요 의로 여기심을 받을 우리도 위함이니 곧 예수 우리 주를 죽은 자 가운데서 살리신 이를 믿는 자니라 (로마서 4:23-24).

베드로가 설교한 후 군중이 "구원받는다는 뜻이 무엇입니까?"라고 묻자 그는 이렇게 대답하였다.

너희가 회개하여 각각 예수 그리스도의 이름으로 세례를 받고 죄 사함을 얻으라 그리하면 성령을 선물로 받으리니 이 약속은 너희 와 너희 자녀와 모든 먼데 사람 곧 주 우리 하나님이 얼마든지 부르시는 자들에게 하신 것이라 (사도행전 2:38-39).

새 사람이 되고 구원을 얻는다 함은 어떤 특수한 상태나 성취를 뜻 하는 것이 아니라 관계를 뜻한다. 즉 하나님은 우리가 부족한 인간임 에도 불구하고 우리를 위하여 역사하시는 것을 뜻한다. 이것이 바로 성경에서 자주 언급되는 은혜인데 이 은혜는 선물이다.

그런즉 누구든지 그리스도 안에 있으면 새로운 피조물이라 이전 것은 지나갔으니 보라 새것이 되었도다 (고린도후서 5:17).

우리들은 그리스도가 우리의 삶을 주관하심을 느낄 때, 우리 자신 이 변화되고 사랑 안에서 성숙해지는 것을 느낀다. 이와 같이 그리스 도를 알면 알수록 더욱 더 우리 자신을 알게 된다.

아버지께서 어떠한 사랑을 우리에게 주사 하나님의 자녀라 일컬 음을 얻게 하셨는고 우리가 그러하도다 그러므로 세상이 우리를 알지 못함은 그를 알지 못함이니라 (요한1서 3:1).

연합감리교회의 특징

8. 연합감리교회 신학의 요약평가

연합감리교회의 신학은 과거에도 중재의 신학이었고 현재도 그러하다. 연합감리교회는 극우파나 극좌파 어느 한편을 지향하지 않으며 하나님의 주권과 인간의 존엄성을 다같이 중요하게 천명한다. 연합감리교회의 신학은 창조론과 구원론을 동시에 강조하며 인간의 자유와 하나님의 은혜를 위해서 투쟁해 왔다. 또한 연합감리교회의 신학은 하나님의 구속의 섭리에 개인의 구원과 사회의 구원을 똑같이 포함시킨다.

연합감리교회의 신학은 기독교 신앙의 중요한 기본 요소들을 주장해 왔다. 연합감리교회의 신학은 유행하는 교리에 동요함이 없이 신도들에게 이미 전해진 그 신앙을 끈기 있게 고수해 왔다. 그러나 연합감리교회의 신학은 그것이 고수하고 있는 신앙이 무엇인지를 정의하는 데 개방적이었고 새로운 진리를 결코 외면하지 않았다. 연합감리교회의 신학은 다방면으로 새로운 진리를 수용할 수 있는 준비가 항상 되어 있고, 또한 새로운 진리와 우리의 근본 신앙 사이에는 하등의 갈등이 있을 수 없음을 확신한다.

연합감리교회는 성부, 성자, 성령, 곧 삼위일체이신 하나님을 믿는다. 우리는 예수 그리스도 안에 나타나고, 예수 그리스도를 통한 구원의 신비에 대한 공통된 신앙을 믿는다. 우리는 우리가 고의적으로 하나님으로부터 멀어질 때 하나님께서 우리를 심판하시고, 찾으시고, 용서하시고 받아들이는 것은 우리를 진실로 사랑하시기 때문이라고 믿는다. 그러므로 우리는 성령께서 믿음으로 응답하도록 우리를 고무시켜 주시며, 화해의 선물을 받아들일 수 있도록 힘을 북돋우어 준다고 믿는다. 그리고 우리는 비록 현대인에게 적절한 신앙을 재천명하고, 또 새로운 신학을 시도할지라도 역사적 신조와 고백들의 의도와 중요성을 역시 존중한다.

III

연합감리교회 교리의 특징

연합감리교회의 교리도 다른 교단들처럼 특징을 가지고 있다. 연합감리교회의 초기 지도자들은 웨슬리 신학에 큰 영향을 받았다. 연합감리교회가 고수하는 교리 중에서 몇 가지 예를 들면 다음과 같다.

1. 연합감리교회는 누구나 하나님께서 주시는 구원을 받아들이기만 하면 구원을 받을 수 있다는 알미니언적인 구원론을 믿는다.

요한 웨슬리는 1730년대에 영국에서 살았는데 그 당시 일반적으로 알려진 구원론은 하나님께서 구원하시기로 선택한 은총 입은 소수의 사람들에게만 구원이 가능하다는 신학이 지배적이었다. 이렇게 선택받은 자만이 구원받을 가능성이 있다는 구원론은 종교개혁자의 한 사람이었던 칼빈(1509-1564)의 추종자들에 의하여 고수되고 있었다.

그러나 웨슬리는 인간이란 하나님 없이는 아무 것도 할 수 없지만 하나님께서 모든 인간에게 은총과 자유의지를 주셔서 인간으로 하여금 선을 선택할 수 있는 취사선택권을 주셨다고 믿었다. 하나님은 회개와, 믿음과, 신뢰를 가지고 그에게 돌아서는 모든 인간을 구원하신다고 요한 웨슬리는 믿었다. 하나님께로 돌아서지 않는 사람은 하나님의 사랑을 받아들이지도 못하고, 또 그 은혜에 응답하지도 못한다.

2. 연합감리교회는 믿음으로 의롭게 되는 것을 (Justification by faith) 믿는다.

믿음으로 의롭게 된다는 다른 신학적인 용어는 칭의인데, 칭의는 하나님의 은혜로 인하여 우리가 새로운 삶을 체험하는 것을 의미한다. 연합감리교회는 죄가 인간의 본성과 사회구조 속에 깊이 뿌리를 내리고 있음을 믿는다. 하나님께 대한 반항으로서의 죄와, 하나님으로부터 분리된 상태의 죄로부터 구원받을 수 있는 길은 우리 자신의 선함이나 노력으로 성취되는 것이 아니고 인간인 우리가 하나님의 선물인 구원을 받아들일 때 성취된다는 것을 믿는다.

하나님께서 주시는 자비, 곧 하나님께서 우리에게 보여주시는 사랑과 친절을 은총이라고 한다. 이 하나님의 은총 혹은 사랑이 우리의 구원의 원천이다.

우리 구주 하나님의 자비와 사람 사랑하심을 나타내실 때에 우리를 구원하시되 우리의 행한바 의로운 행위로 말미암지 아니하고 오직 그의 긍휼하심을 좇아 중생의 씻음과 성령의 새롭게 하심으로 하셨나니 (디도서 3:4-5).

하나님께서 우리에게 베풀어주시는 사랑과 자비는 우리로 하여금 우리가 죄인인 것을 깨닫게 해 주며, 하나님의 필요성을 깨닫게 해 준다. 이 원리를 깨달을 때 우리는 바울처럼 "내가 원하는 바 선은 하지 아니하고 도리어 원치 아니하는 바 악은 행한다"라는 고백을 절실히 깨닫게 될 것이다. 하나님의 사랑과 자비는 우리를 회개로 인도하며, 이 회개야말로 심령과 삶에 변화를 가져다주고, 그 후에야 우리는 모든 여건 속에서도 하나님을 따르려는 마음의 자세를 가지게 된다.
웨슬리는 하나님께로 돌아서야 하는 인간의 책임을 부인하는 사실이야말로 우리를 칼빈주의로 몰아가는 것이라고 믿었다. 웨슬리는 구원을 받기 위한 우리의 자세에 있어서 필요한 것은 하나님의 사랑과 자비에 응답하는 길이고, 그의 용서를 받아들이며, 예수 그리스도를 우리의 주님으로 신뢰하는 것이라고 주장했다.
분명히 신앙은 하나님의 역사하심이지만 인간은 그것을 믿어야 할 의무가 있다. 구원은 하나님께서 우리에게 주시려고 하는 그의 뜻과 그것을 기꺼이 받으려는 인간의 자원하는 마음이 상응될 때 성취되는 것이다.
웨슬리는 인간이 절대적으로 타락했다고 생각하지 않았고, 또한 저항할 수 없는 하나님의 은총의 힘에 의하여 어쩔 수 없이 구원받는 무력한 존재로도 생각하지 않았다. 인간은 하나님께 의존되어 있는 반면에 그 자신의 노력에도 의존되어 있다. 그 이유는 개인적 응답이 없이는 은총의 역사도 없기 때문이다.

3. 연합감리교회는 믿음으로 거룩해지는 것(Sanctification by faith)을 믿는다.

믿음으로 거룩해진다는 다른 신학적인 용어는 성화인데, 성화는 믿음 안에서 우리가 죽을 때까지 계속 자라나는 것을 의미한다. 웨슬리에 의하면 믿음으로 의로워지지만 (칭의, Justification by faith) 그것을 믿지 않는 한 성화(Sanctification)는 이루어지지 않는다. 누구든지 믿을 때에만 거룩해지는 것이다. 그러므로 믿음으로 의로워진다는 것이 하나님의 죄의 용서로 인하여 새로운 삶을 체험하는 것을 의미한다면, 믿음으로 거룩해진다는 것은 하나님의 은총 안에서 영적으로 계속 성장해 가는 인간의 모습을 뜻한다. 그런 의미에서 칭의가 하나님에 의해서만 가능하다면 성화는 인간이 중생의 체험을 믿을 때 가능하다. 거룩한 삶은 윤리적인 삶과 연관되어 있다.

어떤 교인들은 그리스도에게로의 전향이 단 한 번만으로 마음과 정성과 뜻이 동시에 완전하게 변화됨을 강조한다. 연합감리교회는 우리의 삶 속에서 하나님의 은총으로 이러한 결정적이고 극적인 변화가 일어나는 체험을 인정하지만, 변화는 점진적으로도 올 수 있다는 것이 연합감리교회의 입장이다.

하나님의 사랑을 극적으로 체험하여 거듭남(Conversion 혹은 Born again)을 강조하는 사람들 중에는 하나님의 사랑을 평생을 두고 계속 체험해야 하는 필요성을 소홀히 하는 경우가 있다. 다시 말해서 그들은 의로워지는 과정은 강조하지만 거룩해지는 과정을 소홀히 한다는 뜻이다. 연합감리교회는 이 두 가지를 동시에 강조한다. 하나님의 사랑은 내 모습 이대로 받아주셔서 나를 새로운 창조물로 만들어 주신다. 새롭게 창조된다는 뜻은 거룩해진다는 말이다. 우리는 거칠고 피곤한 인생 길을 걷고 있지만, 그리스도의 제자로 살아갈 때에 값진 대가를 받을 수 있다고 믿어야 한다.

4. 연합감리교회는 성령의 증거(Witness of the Holy Spirit)를 믿는다.

요한 웨슬리는 올더스게이트 기도 모임에서 그의 마음이 이상하게 뜨거워짐을 체험한 후 그리스도인은 개별적인 확신과 신앙을 가질 수 있다는 사실을 깨달았다. 올더스게이트 기도 모임에서 읽혀졌던 루터의 로마서 서문에는 다음과 같이 기록되어 있다.

신앙은 인간이 천 번이라도 자기 생명을 내어 걸 수 있을 정도로 하나님의 은총을 생생하고 담대하게 확신하는 것이다. 하나님의 은총과 지혜에 확신을 가진 사람은 하나님과 모든 피조물과의 관계에서 기쁨과 담대와 행복을 느끼게 된다. (*Preface to the Romans*, by Martin Luther, Philadelphia Muhlenbery Press, 1932, Ⅳ; page 542.)

초대 감리교는 이러한 신앙 체험을 성령의 증거라고 불렀다. "성령이 친히 우리 영으로 더불어 우리가 하나님의 자녀인 것을 증거하시나니"(로마서 8:16). 구원의 확신을 가진 개인 신앙은 성령의 증거에 대한 응답이며 그리스도인이 하나님의 현존을 직접 체험할 수 있다는 신앙의 근거이다.

이 교리는 변화하는 시대에 살고 있는 우리에게 특별히 적합하다. 그 이유는 성령의 인도하심에 따라 새로운 방향으로 우리가 나아가도록 인도함을 받는다고 믿기 때문이다. 어느 시대를 막론하고 하나님은 그의 성령으로 그의 백성들을 새로운 땅, 새로운 추구, 그리고 새로운 발견에 이르도록 인도하셨다. 오늘 우리에게 맞는 새로운 표현 방법과 선교방법을 찾으려고 노력할 때 하나님의 영은 우리 안에서 역사하신다.

5. 연합감리교회는 사랑의 동기에 근거하여 행동할 수 있다고 믿는다. 사랑의 동기에 의한 인간의 행동은 완전한 것이 아니다. 웨슬리는 "신자 속에 있는 죄"라는 설교에서 다음과 같이 말했다.

그리스도를 진심으로 믿는 순간 우리는 이미 새로워지고, 정화되고, 정결케 되고, 거룩해지지만, 그렇다고 해서 바로 그때 완전히 새로워지고, 정화되고, 정결케 되는 것은 아니다. 약화는 되었지만 아직도 우리에겐 성령을 기스르는 악한 본성이 살아남아 있다. (*Works, Ⅰ*, page 116.)

그럼에도 불구하고 그리스도인은 순수한 사랑, 곧 죄를 몰아내고 하나님의 자녀의 마음과 삶 자체를 지배하는 사랑에 근거하여 행동할 수 있다고 웨슬리는 믿었다. 그러나 웨슬리는 그리스도인이 사랑의 동기에서 행동할지라도 결점, 무지, 잘못된 판단 등으로 실수할 수 있다고 주장했다. 우리는 지금도 그리스도인으로서 하나님과 모든 인류에 대해 우주적이며 비이기적인 사랑의 토대 위에서 행동하라고 도전을 받고 있다.

6. 연합감리교회는 성경이 신앙과 행동의 표준임을 믿는다.
(연합감리교회의 신앙지침에서 성경을 다룸.)

7. 연합감리교회는 신앙 훈련을 믿는다.
그리스도의 제자가 되려면 노력이 필요하다. 하나님께서는 우리의 전 생애를 통하여 우리가 계속 변화되어 성숙해지기를 원하신다. 규칙적인 기도, 성경연구, 본받을 만한 습관, 예배 참여, 그리고 타인을 위한 봉사생활은 참 신앙인이 되기 위한 훈련이다.

8. 연합감리교회는 연대적인 체제를 믿는다.
연합감리교회는 연대적인 체제를 통하여 약한 교회를 돕는다. 약한 교회는 강한 교회의 도움을 받으면서 함께 교인을 육성하고 선교사업에 힘쓴다.

9. 연합감리교회는 연합사업(Ecumenic)을 믿는다.
연합감리교회는 하나님의 사업을 효과 있게 하기 위하여 교파를 가리지 않고 다른 교파의 기독교인들과도 손을 마주잡고 일한다. 연합감리교회는 미국 및 세계교회협의회 (National and World Council of Churches)와 교회연합협의회(Consultation on Church Union)의 창설교단 중 하나이다. "우리 모두 하나되어"라고 하신 그리스도의 말씀이 실현되기를 우리는 바라고 전진한다.

10. 연합감리교회는 네 가지 신학원칙을 제시하고 있다.
인간은 믿는 대로 행동한다. 우리가 가진 믿음은 고정된 것이 아니고 우리의 삶과 함께 자라고 있다. 삶의 현장은 곧 믿음의 실험소이다. 매일의 삶은 우리의 믿음을 계속 실험한다.
이렇게 계속되는 실험 속에서 진실을 가려낼 수 있는 방법과 신앙의 결단을 도와줄 수 있는 방법으로 연합감리교는 "성경, 전통, 체험, 이성"을 우리 신앙생활을 위한 지침으로 제시한다. 이 지침은 요한 웨슬리의 사상이며 우주적인 기독교 정신의 교리를 강조하고 있다. 이 지침은 폭 넓고 다양한 교리를 생각하면서 제시한 교리이다.

a. 성경

성경은 그리스도인의 기본 자료이자 지침서이다. 성령의 역사를 통하여 우리 마음속에 생기를 주는 성경 말씀은 하나님께서 인간을 위해 역사하신다는 사실을 믿게 하는 증거이다. "하나님께서 말씀하시지 않는 한 우리는 하나님에 대하여 아무 것도 알 수 없다"라고 마틴 루터는 언급하였다. 하나님은 성경을 통하여 스스로를 계시해 주셨다고 연합감리교회는 믿는다.

연합감리교회는 타 교단과 같이 성경이 교리의 가장 근본적인 원천이요 지침이라고 믿는다. 성경은 하나님께서 자기 자신을 나타내시는 독특한 증거의 보증이다. 성경은 세상의 창조와, 구속과, 최후의 완성과, 그리고 하나님의 말씀이 육신이 되신 예수 그리스도를 통하여, 또한 역사의 흐름 속에서 끊임없이 성령을 통하여 역사하시는 하나님을 나타낸다. 지금까지 기독교 교리는 의식적이든 무의식적이든 성경에 근거한 제안과 주제에 의하여 형성되어 왔다.

하나님의 자기 계시에 대한 증거로써 성경은 신앙공동체 안에서 올바르게 읽혀지고 이해되며, 그 공동체의 전통을 통하여 그 해석이 얻어진다. 성경 본문은 성경 전체의 관점에서 보아야 올바르게 해석할 수 있고, 마찬가지로 학자들의 연구와 개인적인 통찰을 통하여 더 명확하게 된다. 성경 말씀의 의미는 그 본래의 의도와 중요성이 파악될 때에 가장 잘 이해되어진다. 성령의 지도아래 이와 같이 성경을 신중하게 취급할 때, 신자들은 그 진리를 그들 자신의 삶의 현장에 적용시킬 수 있을 것이다.

성경은 하나님께서 자신을 계시해 주신 사람들에 의하여 쓰여졌다. 많은 사람들이 하나님을 체험하고 난 후 간증하였는데 이 간증들을 기록한 것이 곧 성경이다. 처음에는 이스라엘 민족이, 그 다음에는 교회가 신앙공동체에 꼭 필요하다고 여겨진 중요한 신앙간증문들을 모아 신앙공동체에서 사용할 수 있는 권위 있는 성경을 만든 것이다. 그러므로 하나님께서 성경을 통해 우리들에게 말씀하셨다고 볼 수 있다. 이 성경은 오늘날 우리의 성경도 되는데 이는 하나님께서 우리에게 성경의 내용을 통하여 말씀해 주시기 때문이다. 하나님의 계시를 받은 사람들의 삶과 말씀을 통해서, 또 그들이 다른 사람들에게 하나님을 증거한 말씀을 통해서 하나님의 계시를 볼 수 있는 신앙인의 지침이 성경인 것이다.

따라서 우리는 성경을 한 권의 책으로만 생각할 수 없다. 성경이란 어원은 "책들"이라는 회랍어의 비블리아(Biblia)에서 유래되었다. 성경은 66권이나 되는 책의 합본이고 크게는 둘로 구분되어 있다. 구약은 히브리어로 쓰여졌고 신약은 회랍어로 쓰여졌다. 이 성경은 수많은 저자들과 편집자들이 동원되어 3천년이라는 오랜 세월을 거쳐 만들어진 책이다. 그러므로 성경은 한 권의 책이 아니라 여러 권의 책이 하나로 엮어진 책으로 이해되어져야 한다. 그렇기 때문에 성경 안에는 여러 가지의 문학 형태로 나타난 자서전, 역사, 연극, 시, 서신, 그리고 비유 등이 있다.

◆ 성경이 쓰여진 이유

창세기에 기록되어 있는 창조설화를 놓고 과학자와 신학자들간에 많은 논쟁을 한다. 과학자들은 이 세상이 언제, 어떻게 창조되었는가에 초점을 두고 성경을 보고, 신학자들은 성경은 언제, 어디서, 어떻게 세상이 창조되었는가에 관심이 없다고 보는 데 논쟁이 생기는 것같다. 창조설화가 쓰여질 무렵에는 어떻게 세상이 창조되었는가라는 질문보다는 "누가", "왜"라는 질문에 더 관심이 컸다. "누가", "왜"라는 질문은 의미와 목적에 관한 질문이기 때문에 과학적인 방법으로는 질문도 대답도 할 수 없는 성질의 문제이다. 즉 세상이 언제 어떻게 창조되었는가라는 질문은 현대의 과학적인 질문은 될 수 있어도 성경에서 묻고자 하는 질문은 될 수 없다는 말이다. 누가 세상을 창조하였고, 왜 세상을 창조하였느냐는 질문은 신앙의 질문이고 또 성경적인 질문이다.

창세기 1-2장은 세상이 언제, 어떻게 창조되었는가를 언급하고 있다. 그러나 창세기를 읽을 때는 생물학이나, 지질학이나, 역사서나, 그리고 자서전을 읽을 태도로 임할 것이 아니라 하나님과 인간과의 관계가 어떻게 수립되었고, 또 하나님에 대하여 알려고 노력하는 태도로 성경을 읽어야 한다. 즉 성경은 하나님께서 그의 본성과 뜻을 우리에게 어떻게 나타내셨는가를 보여주는 내용을 다루는 책이다.

성경에 언급되어 있는 아벨을 죽인 가인, 방주를 지은 노아, 이스라엘 백성을 애굽의 노예생활에서 구출한 모세, 동정녀 마리아에게서 탄생한 예수님에 관한 이야기들은 "언제, 어디서, 어떻게"라는 현대의 과학적인 질문과는 상관이 없는 이야기들이다. 성경 이야기들은 신앙의 이야기이고 하나님의 선포이며 인간이 계산할 수 있고 측정할 수 있는 숫자를 초월한 진리의 증언에 초점을 둔 이야기들이다.

성경은 하나님의 진리를 인간에게 나타내려고 쓰여졌다. 생의 의미는 무엇인가? 세상을 주관하시는 분은 누구인가? 고통과 아픔이 존재하는 이유는 무엇인가? 우리는 어디로부터 와서 어디로 가고 있는가? 어떻게 이 모든 것들이 종결 지을 것인가? 이러한 생의 의미와 신앙에 대한 질문들이 곧 성경의 질문들이다. 성경은 하나님께서 다방면으로 인간을 찾아오심을 나타내는 계시의 책이다.

◆ 성극

구약과 신약의 저자들은 하나님께서 그의 백성을 구원하시려고 이 세상과, 역사와, 우리들의 일상생활 속에서 역사하고 계심을 믿었다. 이것을 3막으로 된 각본으로 표현해 보자.

1막: 창조

하나님께서 세상과 우주와 그 안에 거할 모든 만물을 지으신다. 피조물의 주역은 인간이다. 창세기, 욥기의 일부, 그리고 시편에서는 모든 만물을 창조하시고, 그 지으신 만물을 돌보시고, 주관하시고, 또 양육하시는 창조주가 모든 피조물의 소유자라고 분명히 밝힌다.

"태초에 하나님이 천지를 창조하시니라" (창세기 1:1).

2막: 계약

하나님이 인간에게 모든 것을 주셨음에도 불구하고 인간의 불순종으로 인하여 하나님과 맺은 본래의 관계가 파괴된다. 인간은 에덴 동산에서 하나님이 되려고 시도하다가 그 결과로 사망에 이르게 된다.

그러나 하나님께서는 솔선하여 자신을 이스라엘 백성에게 나타내시어 그들을 선택된 백성으로 삼으시어 계약 가운데 꾸준히 사랑할 것을 약속하신다. 이 계약이란 이스라엘 백성이 하나님의 말씀에 순종하고 하나님과 이웃을 사랑하겠다고 약속하면 하나님께서도 그들을 사랑하시고 보존해 주시겠다는 약속이다.

내가 내 언약을 나와 너와 네 대대 후손의 사이에 세워서 영원한 언약을 삼고 너와 네 후손의 하나님이 되리라 (창세기 17:7).

구약성경의 첫 다섯 권은 율법책(토라)이다. 이 율법은 하나님께서 인간에게 오신 사실을 나타내 주는 것이며, 이스라엘 백성에게 은혜로 주신 선물이다. 이 율법은 사회생활이나 사생활의 질서를 위한 지침서이다. 이스라엘 백성이 이 율법을 따르지 않거나 무시할 때에는 이사야, 예레미야, 또 아모스와 같은 예언자들이 나타나 이스라엘 백성을 꾸짖고 다시 하나님께로 돌아갈 것을 호소한다.

여호와께서 이 백성에 대하여 말씀하시되 그들이 어그러진 길을 사랑하여 그 발을 금하지 아니하므로 나 여호와가 그들을 받지 아니하고 이제 그들의 죄를 기억하고 그 죄를 벌하리라 하시고 (예레미야 14:10).

3막: 그리스도
하나님께서 그의 백성에게 보여주시는 자비로운 하나님의 손길에도 불구하고 백성들은 수시로 그를 멀리했다. 그리하여 하나님과의 계약이 백성들의 불순종으로 인하여 수시로 파괴되었다. 하나님은 그의 아들을 새 계약으로 주신다.

옛적에 선지자들로 여러 부분과 여러 모양으로 우리 조상들에게 말씀하신 하나님이 이 모든 날 마지막에 아들로 우리에게 말씀하셨으니 이 아들을 만유의 후사로 세우시고 또 저로 말미암아 모든 세계를 지으셨느니라 이는 하나님의 영광의 광채시요 그 본체의 형상이라 그의 능력의 말씀으로 만물을 붙드시며 (히브리서 1:1-3상반절).

때가 차매 하나님이 그 아들을 보내사 (갈라디아서 4:4상반절).

옛 계약을 통하여 보여주셨던 하나님의 자비하심이 그리스도인을 위하여 그리스도 안에서 그 자비하심이 더 강화되고, 확장되며, 완성에 이르게 된다. 구약성경에서 기다리던 메시야가 신약성경에 나타나신다. 예수님의 생애, 가르침, 행적, 죽음, 그리고 부활을 통하여 우리가 희망했던 만큼 하나님을 볼 수 있었다고 그리스도인들은 말한다.

◆ 성경의 유래

성경은 인간의 언어로 표현된 하나님의 말씀이다. 성경은 구전으로 (입에서 입으로) 전해졌다. 창조 이야기는 글로 쓰여지기 전 수천년 동안 구전으로 전승되었다. 예수님에 관한 이야기도 마가가 예수님의 말씀을 모아 글로 남기기 전까지는 구전으로 전승되었고 구두로 가르치고 설교했다. 성경의 많은 책들이 여러 가지 자료들을 수집해 놓은 것들이다. 역대기상 저자는 역대기상 29:20에서 자신이 세 가지 서로 다른 기존 자료들을 사용했다고 밝히고 있다. 누가도 자신이 들은 것들 중에서 중요한 것들을 골라 자료로 수집했다고 말한다. 마태복음은 마가복음을 기본 자료로 사용했으며 마가복음에 없는 다른 자료들을 더 보충하여 저자 자신의 의도에 따라 예수님에 관하여 재편집한 책이다.

구약성경의 책들은 주후 90년에 개최되었던 얌니아 회의에서 완전히 정리되어 경전으로 공인되었다. 그 이전까지는 유대교 학자들에 따라 어떤 책은 성경으로 인정받았고 또 어떤 책은 성경으로 인정받지를 못했다.

신약성경의 일부로 채택된 권위 있는 초기의 책들은 아홉 편의 바울 서신들이었다. 복음서들은 (마태복음, 마가복음, 누가복음, 요한복음) 2세기 말경에 경전화 (공적인 성경으로 교회가 공식적으로 공인)되었다. 경전화하는 과정에서 도마복음과 몇몇의 책들은 성경에서 제외되었고 요한계시록과 아가서는 많은 논쟁 끝에 성경으로 채택되었다.

우리는 아직도 성경의 최초 사본들을 발견하지 못했다. 지금까지 알려진 가장 오래된 사본은 주전 100년경으로 추산되며 신약성경의 최초 사본도 발견하지 못했다. 세월이 흐르면서 성경은 사람들의 필요성에 따라 구약의 원어인 히브리어와 신약의 원어인 희랍어에서 다른 언어들로 번역되었다. 영어로 된 킹 제임스 (King James) 번역은 1611년에 완성되었고, 개역판(Revised Standard Version)은 킹 제임스 판에 나타난 번역상의 오류를 시정하면서 최근에 발견된 사본에 근거하여 1952년에 다시 정리하여 출판했다. 새개역판(New Revised Standard Version)은 1990년에 출판되었다.

한국어 성경은 1882년부터 부분적으로 번역되었지만 구약과 신약 전권이 번역된 것은 1910년이었다. 1937년과 1961년에 다시 한번 개정되어 출판되었고, 공동번역은 1972년에 출판되었고, 표준새번역은 1993년에 출판되었다.

◆ 하나님의 말씀인 성경

성경에 나오는 인물들의 인간성이 어떤 사람들에게는 문제가 된다. 이런 사람들은 성경이 하나님께서 우리 인간에게 직접 주신 분명하고 단순한 말씀으로 받아들여지지 않기 때문에 성경을 하나님의 말씀이라고 인정하기 힘들어한다.

그러나 우리 모두는 다른 사람을 통하여 하나님의 계시를 받는다. 하나님의 계시를 다른 사람들을 통해 받고 있는 동안 그들의 삶을 통하여 성경적인 메시지의 능력을 직접 느끼지 못하지만, 하나님께서는 자신의 뜻을 전달하기 위하여 사람을 통하여 역사하고 계시다는 사실을 우리는 기억해야 한다. 우리가 이 사실을 인정하지 못하면 노아, 다윗, 이사야, 마리아, 베드로, 그리고 바울을 통하여 하나님께서 우리들에게 말씀하신다는 사실을 받아들이기 힘들 것이다. 더욱이 나사렛 예수의 모습으로 오셨다는 하나님을 보았다는 그리스도인들을 어떻게 믿을 수 있단 말인가?

우리와 똑같은 사람들을 쓰시어 하나님은 우리가 이해할 수 있는 방법으로 우리에게 말씀하신 증거가 바로 성경이다. 세대가 계속 바뀌지만 그리스도인들이 성경을 계속 읽으면서 그 안에서 하나님의 진리를 터득하기 때문에 성경으로부터 감동을 받고 있음이 분명하다.

오늘날 하나님께서는 성경에 나타난 주인공들을 통하여 우리에게 말씀하신다. 우리에게 질문이 남아있다면 "어떻게 하면 하나님의 말씀이 나를 위한 말씀이 되게 할 수 있으며, 어떠한 응답을 내가 보내야 하는가?"라는 물음뿐이다.

　　　　　　　　　　　　　연합감리교회의 특징

모든 성경은 하나님의 감동으로 된 것으로 교훈과 책망과 바르게
함과 의로 교육하기에 유익하니 (디모데후서 3:16).

◆ 성경을 읽는 방법

성경에 있는 구절들 중에는 어떤 부분은 다른 부분보다 가치가 더
있어 보인다. 어떤 문장은 쓰여진 그 당시에는 적절했을는지 몰라도
오늘날에 와서는 잘 맞지 않는 것도 있다. 어떤 문장은 다른 문장에
비추어 읽어야 할 때가 있다. 예수 그리스도는 모든 신앙의 표준이
되어야 한다. "눈은 눈으로"라는 구약에 있는 말씀은 "원수를 사랑하
라"는 신약에 있는 예수님의 말씀과 일치되지 않는다. 구약성경 일부
에서 보여주는 극단적인 민족주의 사상은 신약성경에 있는 우주적인
사랑에서 균형을 잡아야 한다. 그리스도인은 하나님의 최고의 계시
인 예수 그리스도에 비추어 성경의 모든 내용을 판단해야 한다. 즉
예수님의 생애, 교훈, 예수 그리스도의 현존에 입각하여 성경을 이해
해야 한다는 말이다. 우리는 그리스도에게 예배드리는 것이지, 성경
을 예배하는 것이 아니다. 루터의 말대로 그리스도는 성경의 구주이
시다.

◆ 성경공부를 위한 요령

(가) 현대어로 잘 번역된 성경을 택하여 읽는다. 그리고 하루 중
공부하기 가장 좋은 시간을 택한다.

(나) 성경을 처음 읽을 때에는 즐거운 마음으로 읽는다. 성경 내용
에 대한 선입관 없이 성경을 읽는다.

(다) 의미를 이해하기 위해 두 번 읽는다. 본문의 본래 상황, 배경,
시기, 본문의 의미를 터득하기 위하여 좋은 주석 책을 참고한다.

(라) 본문을 읽을 때에는 본문의 역사적 배경, 저자가 저술한 목적,
문학형식—시, 비유, 선포—그리고 역사 등등을 찾아본다.

(마) 하나님이 나에게 하시는 말씀이 무엇이며, 나는 그 말씀에 어
떻게 응답할 것인가를 기도하는 마음으로 임해야 한다.

위대한 신학자였던 폴 틸릭이 그의 강연을 마쳤을 때 열심 있는 한
젊은 청년이 성경을 들고 그에게 달려왔다. 그 젊은 청년은 "틸릭 박
사님, 당신은 성경이 사실임을 진실로 믿습니까?" 하고 물었다. 그때
틸릭 교수는 "나는 성경이 사실임을 진실로 믿습니다. 그러나 성경은

우리가 성경을 잡으려고 하는 데 의의가 있는 것이 아니고 성경이 우리를 사로잡을 때 의미가 있다"라고 대답했다.

우리가 성경에 사로잡힐 때 하나님께서 우리에게 진실로 말씀하신다. 그렇게 될 때에 성경은 종교적인 어휘로 가득한 한 권의 권위 있는 고서가 아니라 우리를 위해 살아계신 하나님의 말씀이 되는 것이다. 바로 그 순간에 우리는 단순히 성경을 아는 것으로부터 하나님을 아는 경지로 들어가게 되는 것이다.

b. 전통

우리가 무엇을 믿을 가를 결정해야 할 때 과거의 신앙을 근거로 삼으면 도움이 된다. 성경이 더 이상 쓰여지지 않았을 때에도 하나님께서는 계속 계시하셨다. 모든 시대를 막론하고 사람들은 신앙의 진리와 씨름해야 했으며 그 진리를 증거해야 했다. 이러한 과거의 신앙 증거는 우리가 무엇을 믿을 가를 결정하는 데 큰 도움이 된다.

성경의 계시에 대한 기독교의 해석은 복잡한 역사를 가지고 있다. 매시대마다 기독교 의식을 통해 얻은 것들에 대한 그들 나름대로의 이해를 공식화시키고 또 다시 변경하여 공식화시켜 왔다. 모든 교회 전통은 각기 그들의 근본 통찰이 성경에 연결되어져 있다고 주장하고, 그래서 그 표현에 대한 그들의 기본 신실성에 의하여 바르게 판단되어질 수도 있는 것이다. 전통에 대한 무비판적인 용납이 전통주의를 낳게 되었는 바, 여기에서 구출되는 길은 새로운 지혜를 얻는 샘으로서의 역사에 대한 바른 이해를 가지는 것이다. 전통이란 초대 기독교 공동체의 집단 경험의 잔재이다. 그들에 대한 비판적인 이해는 우리의 전망을 확대시키고, 하나님의 사랑의 섭리에 대한 신앙을 풍부하게 할 것이다.

"전통"에 대한 현대 신앙과 의식논쟁은 세 가지 차원으로 윤곽을 드러내고 있다. 첫째, 전통을 역사적 과정 즉 역사적 발전의 기능으로 보는 것이다. 이 과정에 있어서 기독교적인 유품과 해석은 기독교의 가르침과 정신을 개인에서 개인으로, 지역에서 지역으로, 세대에서 세대에로 재해석해 주는 데 도움이 된다. 둘째, 사회적 현상으로 이해되는 다양한 교회들의 수많은 전통들이 있다: 즉 교단 내 혹은 교단 간의 특유한 역사적 구별들 (행정과 의식과 교리적 선언에 있어서와 같이). 이러한 의미에서 전통은 각기 별개의 교단으로서 자신을 인식하며 서로를 이해하는 데 기독교인들에게 부분적인 도움을 준다. 세 번째 의미로는, "기독교 전통"은 초월적인 면에서 말할 수 있다: 즉 예수 그리스도 안에서 자신을 주시는 시공을 초월한 계속적인 하나님의 사랑의 은혜요, 모든 신도들이 그 은혜 안에서, 그 은혜로 말미암아 살아가는 은혜의 환경의 역사로서의 전통이다. 이 초월적 전통을 통하여, 분쟁과 인종과 적대의 여러 가지 장애로 인하여 서로 고립된 그리스도인들이 함께 그리스도인 됨을 서로 인정하게 된다. 이러한 복합적이고도 역동적인 전통에 대한 이해를 통하여 현대 그리스도인들은 오랫동안 그리스도의 몸을 쪼개 놓았던 깊은 수렁에 다리를 놓을 수 있을 것이다.

c. 체험

전통이 교회 전반에 관한 것이라면, 체험은 개인에 관한 것이며 우리의 삶 속에서 매일매일 체험하는 하나님의 은혜를 뜻한다. 즉 생활과 인간상호관계에서 체험된 하나님의 측량할 수 없는 자비에 대한 개인의 체험을 말한다. 하나님은 우리 각 개인에게 말씀하실 뿐만 아니라 집단에게도 말씀하신다. 각 개인이나 집단은 그들 특유의 신앙 체험이 있으면 그것을 다른 사람들에게 나누어 줄 수 있다. 우리는 때때로 우리가 믿는 바를 결정함에 있어서 마음이 끌리는 것에 신실해야하며, 이것이 체험의 지침이다. 믿음은 단순히 이성적인 전제만이 아니라 감성적인 면도 포함한다는 사실을 제시하는 것이 체험이다.

성경의 가르침에 대한 지성적인 해석이나, 교리적인 내용들과, 하나님의 용서와 치유의 사랑에 대한 개인적인 체험 사이에는 근본적인 차이가 있다. 개인적인 신앙과 확증은 "우리 주 예수 그리스도를 통한 하나님의 자비에 대한 확실한 신뢰와, 하나님의 선하심에 대한 확고부동한 소망"으로 설명되어 왔다. 이 확증의 새로운 관계는 하나님이 하시는 일이요, 성령을 통하여 하나님께서 무료로 주시는 선물이다. 이 "그리스도 안의 새 생명"은 "그리스도인의 체험"이란 말과 같은 뜻이다. 이러한 체험은 성경의 생동하는 진리에로 믿음의 눈을 뜨게하고, 윤리적 결단에 있어서 기독교적인 양심을 깨우치며 인도하고, 하나님과 창조에 대한 기독교적인 이해를 명확히 해 준다.

그리스도인의 체험은 개인적이고 내적인 것일 뿐만 아니라, 공동적이고 사회적인 것이다. 해방시키시는 하나님의 사랑은 전 인류를 포용하신다. 화해의 범위는 세계에서 소외당하고 고통받는 모든 사람을 포용하기까지 확대되어야 한다. "그리스도인의 체험"은 세상에서 해방과 치유의 선교에 가담하라는 명령을 함께 수행해야 한다.

"체험"이라고 하는 용어를 특수하게 사용하는 것은 죄를 용서해 주고, 용납하시는 하나님의 사랑에 대한 개인적인 신앙 체험이 그의 전 생애를 통하여 하나님의 진리에 대한 이해에 영향을 줄 수 있음을 암시한다. 따라서 이러한 변화된, 그리고 변화되고 있는 이해는 신자의 마음가짐과 세상에 대한 관점을 변화시킬 것이다. 이것은 임상과학이나, 예술이나, 철학이나, 일반문화에도 똑같이 적용된다. 모든 종교적인 체험은 모든 인간적인 체험에 영향을 준다. 또한 모든 인간적인 체험은 종교적인 체험에 대한 우리의 이해에 영향을 준다.

d. 이성

하나님은 우리에게 생각하고, 비교하며, 논리적으로 상황판단을 할 수 있는 능력을 주셨다. 우리가 지니고 있는 상식도 일종의 하나님의 선물이다. 성경, 전통, 체험에 의한 믿음은 비판적인 분석이 요구된다. 이성만으로는 하나님의 신비를 캐내는 데 불충분하지만 도움은 된다. 우리는 이성으로 모순을 찾아낼 수 있고, 우리가 믿는 것들을 분명하게 할 수 있다. 그리스도인으로서 신앙과 진리를 체험하기 위하여 이성을 사용하는 것이 잘못은 아니다.

이성으로써 우리는 성경을 읽고 해석한다.
이성으로써 우리는 우리 기독교의 증거가 분명한지를 판단한다.
이성으로써 우리는 신앙에 관한 문제를 물으며 하나님의 뜻과 행
    위를 이해하려고 한다.
이성으로써 우리는 우리가 이해하는 바 우리의 증거를 체계화하
    고 그 증거에 내적인 통일성을 만들어 준다.

성경과 전통과 "체험"으로부터 발전되어진 기독교의 교리들은 비판적인 분석을 거쳐서 사고하는 사람들에게도 수긍이 가게 해야 한다. 즉, 비합리적이요 자가당착의 모순성 있는 일은 피하고 과학적이요

경험에 의한 지식을 인정한다는 말이다. 그러나 물론 우리는 계시나 신앙의 "체험"이 이성의 차원을 벗어날 수 있다는 것을 인정한다. 모든 진리는 하나님으로부터 온 것이니 만큼 계시와 이성, 신앙과 과학, 은혜와 자연 사이의 관계를 잘 연구하고 안다는 것은 신빙성 있고 잘 전달될 수 있는 교리를 형성하는 데 있어서 유용한 도구가 된다.

아무도 이성의 자율권과 전권을 주장할 수는 없으나 이성은 정확성과 신빙성을 점검해 준다. 우리가 교리적 서술에 비판적이고 객관적인 이성의 분석을 가하는 것은 그들을 더 명백히 입증하려 하기 때문이다.

이러한 네 가지 신앙지침은 연합감리교회가 우리의 신앙의 근원을 잘 보존해 주면서도 독선적이거나 협소한 신앙에서 벗어나도록 도와준다. 우리는 연합감리교회의 교리가 균형이 잡혀 있고 신앙의 폭이 넓음을 높이 평가한다. 이 네 가지 지침은 단순히 서로 유사한 것도 아니고 어느 것도 다른 것에 포함될 수 있는 것도 아니다. 그러나 신앙과 실천에 있어서 성경의 우위성은 어떤 무엇과도 바꿀 수가 없다. 이 네 가지 원천은 각각 특이한 공헌을 하되, 모두가 종국에 가서는 같은 목적을 향해 작용하면서, 기독교의 증거를 활성화한다. 무엇보다 중요한 일은 네 가지 지침이 모든 교리연구에 영향을 주어야 한다는 것이다. 성경과 전통에 대한 진지한 연구에서 오는 통찰력은 현대의 실존적 체험을 풍부하게 한다. 상상력과 비판적 사고는 우리로 하여금 성경과 일반 기독교 역사를 더 잘 이해하게 돕는다.

IV
예배와 성례

1. 예배

신앙생활을 하는 동안에 우리의 신앙이 활기 있고 힘차게 성장하기 위해서는 공중예배와 그 외의 여러 집회에 참석하는 것이 중요하다는 것을 깨닫게 된다.

사도 바울이 "열심을 품고 주를 섬기라"(로마서 12:11)고 권장했듯이 인간의 궁극적인 목적은 이러한 공중예배를 통하여 하나님을 영원히 영화롭고 기쁘게 하는 것이다. 신앙생활을 하면서 이웃에게 사랑으로 봉사하는 것이 하나님의 사랑에 대한 인간의 응답이긴 하지만 우리는 하나님을 위한 일도 해야 한다. 그 이유는 그분은 하나님이시고 우리는 그의 자녀들이기 때문이다. 우리는 단순히 하나님께 복종하기 위해서만 부름을 받은 것이 아니라 하나님께 영광을 돌리기 위해서도 부름을 받았다. 무엇보다도 하나님을 기쁘시게 하고 그분께 예배드리도록 부름을 받았다.

어떤 사람이 "당신이 예배드리는 목적은 무엇입니까? 왜 사람들은 정장을 하고 일요일마다 모여 찬송하고, 기도하고, 성경을 읽고, 설교를 듣고, 눈물도 흘리고, 식사를 같이 합니까?" 하고 묻는다면 우리는 하나님을 사랑하기 때문이라고 대답할 것이다.

그리스도인에게 가장 중대하면서도 기쁜 행사는 영원하신 하나님께 영광 돌리고 기쁘게 해드리는 예배이다.

할렐루야 그 성소에서 하나님을 찬양하며 그 권능의 궁창에서 그를 찬양할찌어다 그의 능하신 행동을 인하여 찬양하며 그의 지극히 광대하심을 좇아 찬양할찌어다 나팔 소리로 찬양하며 비파와 수금으로 찬양할찌어다 소고 치며 춤추어 찬양하며 현악과 퉁소로 찬양할찌어다 큰 소리 나는 제금으로 찬양하며 높은 소리 나

는 제금으로 찬양할찌어다 호흡이 있는 자마다 여호와를 찬양할
찌어다 할렐루야 (시편 150).

"당신을 사랑한다"는 말도 좋지만 우리는 말과 더불어 행동이 따라
야 한다. 하나님은 율법, 예언자, 예수님, 바울을 통하여 인간을 사랑
하신다고 말씀하셨고 동시에 그 사랑을 실제로 보여주셨다. "너희가
가서 강보에 싸여 구유에 누인 아기를 보리니 이것이 너희에게 표적이
니라 하더니"(누가복음 2:12)라고 하신 것같이 하나님은 그의 사랑을
표적으로 보여주신다. 베들레헴의 아기는 하나님께서 그의 백성을
구원하기 위해 역사하시는 표적이다.

또한 하나님은 상징으로 그의 사랑을 보여주시기도 한다. 우리는
결혼할 때에 사랑의 언약을 서로 나눔과 동시에 결혼반지를 계약의 상
징으로 서로 주고받는다. 결혼식에 참여한 방관자의 입장에서 보면
결혼반지가 일개의 금속 덩어리로 보일지 모르지만 당사자들에게는
만질 수 있고 또 그들의 결혼생활에서 깊은 사랑을 표현하는 귀한 상
징으로 볼 수 있다. 다시 말해서 결혼반지는 단순히 말로 표현하는
것 이상을 나타내는 사랑의 상징이다. 예수님은 우리가 하나님의 사
랑을 만질 수 있고 볼 수 있는 최고의 상징이 되셨다.

말씀이 육신이 되어 우리 가운데 거하시매 우리가 그 영광을 보
니 아버지의 독생자의 영광이요 은혜와 진리가 충만하더라……
율법은 모세로 말미암아 주신 것이요 은혜와 진리는 예수 그리스
도로 말미암아 온 것이라 본래 하나님을 본 사람은 없으되 아버
지 품속에 있는 독생하신 하나님이 나타내셨느니라 (요한복음
1:14, 17-18).

예배는 하나님을 체험하도록 도와준다. 주일예배 형식을 모임의
연극으로 생각힐 수 있다. 각본에 따라 예배순서가 진행된다. 예배를
연극으로 비교한다면 누가 배우인가? 배우는 바로 회중이다. 주일
에 우리는 목사, 성가대, 피아노 혹은 오르갠 반주자 또는 예배안내위
원들의 연기 실력을 관람하기 위하여 교회에 오지 않는다. 우리는 예
배드리기 위해서 교회에 온 것이지 목사의 기도나 성가대의 찬양을 들

으러 온 것이 아니다. 우리 스스로가 기도와 찬양에 참여하면서 배우가 되어야지 순서를 구경하는 관객이 될 수는 없다.

예배의 인도자인 목사, 성가대, 반주자, 안내위원들은 예배를 돕는 사람들이지 우리를 위하여 예배드리는 사람들이 아니다. 그들은 우리가 찬양의 노래를 부를 수 있도록 도와주며, 우리를 인도하여 한 마음 한 목소리로 다함께 하나님을 찬양할 수 있도록 돕는 사람들이다. 우리가 주일예배를 방문객처럼 와서 수동적으로 다른 사람이 하나님을 체험하는 것을 바라보기만 한다면 기독교인의 참 의미를 체험할 수 없다.

왜 예배에 일정한 형식이 필요한가? 왜 사람들은 매주일마다 거의 같은 형식으로 예배를 드리는가? 그 이유는 사람들이 미리 예측할 수 있고 잘 아는 예배 형식이 있으면 예배에 참여하는 데 큰 도움이 되기 때문이다.

예배는 그리스도의 몸인 교회에 와서 함께 만나고, 즐기며, 찬양하는 신앙공동체이다. 예배가 끝날 무렵 찬송을 함께 부르는 이유는 함께 하나님을 찬양하는 즐거움 때문이다. 인간의 가장 절실한 욕구와 가장 큰 기쁨은 교제이며 기도와 찬양을 함께 드림으로써 이러한 욕구와 기쁨을 나눌 수 있다. 우리가 하나님의 말씀을 함께 듣는 이유는 복음이 개개인에게 단독적으로만 전해지는 것이 아니라 그리스도의 몸인 신앙공동체로서 우리에게 전해지는 공동적 성격이 있기 때문이다. 신앙은 단순히 우리 마음속에서 일어나는 사상뿐 아니라 교회 안에서 성도의 교제를 통하여 성숙해지고 자랄 수 있다. 이러한 이유 때문에 주일예배에 형식이 있고 함께 예배에 참여하는 것이다.

연합감리교회는 개체교회마다 사용하는 예배양식이 다르기는 하지만 대부분의 예배양식들은 다음과 같은 순서를 갖추고 있다.

예배의 기본 양식

• 함께 모임
하나님의 백성이 함께 예배드리기 위하여 모이는 것을 뜻하며 전주, 개회찬송, 개회기도 등이 포함된다.

·하나님의 말씀 선포와 찬양
성경봉독에 이어서 설교가 뒤따른다. 성가대의 특별찬송, 회중찬송,
목회기도 등이 포함된다.

·응답과 헌신
하나님의 말씀을 들은 후 기도, 헌금, 봉사와 같은 헌신 행위로 하나
님의 말씀에 응답한다.

·성찬식 혹은 세례식
예수께서 제자들과 함께 떡과 포도주를 나누신 것같이 우리도 예수님
과 함께 떡과 포도주를 나눈다. 그리고 그리스도께서 그의 교회에 수
여하는 사랑의 표시와 영적 은혜의 외적 표증에 참여한다.

그런 후에 주님의 축복을 받고 세상으로 나아간다.

많은 교회들이 복음에 대한 우리의 관심과 초점을 불러일으키기 위
하여 교회의 절기를 따른다.

◆ 강림절 (Advent Season, 보라색을 사용하고 회개를 상징함)
그리스도의 오심과 다시 오심을 기대하는 주간이다. 크리스마스
전 네 주일을 강림주일로 지키며 우리 안에 임재하실 하나님의 신비를
회개하는 마음으로 준비하는 기간이다.

◆ 크리스마스 (Christmas, 흰색을 사용하며 승리를 상징함)
예수님의 탄생을 기뻐하는 날로 주현절까지 (1월 6일) 계속된다.

◆ 주현절 (Epiphany Season, 초록색 혹은 흰색을 사용하며
승리를 상징함)
동방박사들이 별을 따라 아기 예수를 방문한 것같이 그리스도가 구
세주로 나타나심을 기념하는 절기이다. 주현절기에는 교회에서 선교
를 강조한다.

◆ 사순절 (Lenten Season, 자주색을 사용하며 회개를 상징함)

성회일(Ash Wednesday)로부터 부활절까지 주일을 제외한 40일 기간을 뜻한다. 사순절은 십자가가 우리 인류에 대한 하나님의 불가피한 응답임을 깨닫게 하는 자아 반성과 자아 훈련의 기간이다.

◆ 성주간 (Holy Week, 자주색과 흑색을 사용하며 회개를 상징함)

예수님이 예루살렘에 입성한 종려주일로부터 시작된다. 세족 (洗足) 목요일에는 예수님이 제자들과 함께 마지막 만찬을 나누던 날을 기억하며 성금요일은 예수님이 십자가에 달린 날을 기억하는 날이다.

◆ 부활절 (Easter, 흰색을 사용하며 승리를 상징함)

예수님의 부활을 기뻐하는 부활주일 이후 50일 동안의 기간이다.

◆ 성령강림절 (Pentecostal Season, 붉은 색을 사용하며 성령을 상징함)

이 절기는 오순절에 성령이 임재하여 기독교가 탄생하게 된 것을 기념한다. 성령강림절은 오늘의 교회를 위하여 그리스도가 계속 역사하는 성령의 능력을 기뻐하는 절기이다.

2. 성례

하나님의 사랑은 성례(Sacraments)를 통하여 가장 잘 나타난다. 성례는 표증이며 상징이다.

빵: 배고픔, 양육, 인간의 욕구, 하나님의 선물로서 알맞은 상징

물: 출생, 생명, 활기, 죽음, 씻음의 상징

포도주: 영, 생동력, 생명, 피의 상징. 사도 바울은 분단이 많은 고린도 교회에 이렇게 말했다.

떡이 하나요 많은 우리가 한 몸이니 이는 우리가 다 한 떡에 참예함이라 (고린도전서 10:17).

또 사도 바울은 우리의 옛 삶이 물에 씻기어 새 삶으로 다시 태어나야 하는 비유로 세례에 대하여 말했다.

무릇 그리스도 예수와 합하여 세례를 받은 우리는 그의 죽으심과 합하여 세례 받은 줄을 알지 못하느뇨 그러므로 우리가 그의 죽으심과 합하여 세례를 받음으로 그와 함께 장사되었나니 이는 아버지의 영광으로 말미암아 그리스도를 죽은 자 가운데서 살리심과 같이 우리도 또한 새 생명 가운데서 행하게 하려 함이니라 (로마서 6:3-4).

성례는 하나님의 자녀들이 모여 일상생활에서 사용하는 빵과 물을 사용하여 의식적으로 우리의 행위를 하나님께 전달하는 것이다. 우리가 예배를 통하여 이러한 물질과 행위로 하나님에게 우리의 사랑을 보인 것같이 하나님께서도 성례전을 통하여 그의 사랑을 우리에게 동시에 보여주신다. 하나님은 인간이 하나님의 사랑에 의존하는 피조물임을 아시기 때문에 우리가 이해하기 쉬운 일상의 물질을 사용하시어 그의 사랑을 보여주신다. 그래서 예수님은 그의 공생애를 끝마치면서 사랑의 상징인 애찬을 우리에게 남겨 주셨다.

……곧 주 예수께서 잡히시던 밤에 떡을 가지사 축사하시고 떼어 가라사대 이것은 너희를 위하는 내 몸이니 이것을 행하여 나를 기념하라 하시고 식후에 또한 이와 같이 잔을 가지시고 가라사대 이 잔은 내 피로 세운 새 언약이니 이것을 행하여 마실 때마다 나를 기념하라 (고린도전서 11:23-25).

예수님은 또한 이 세상 사람들에게 복음을 전파하기 위하여 사랑의 성례를 주셨는데 이것이 기독교 신앙의 입문인 세례이다.

그러므로 너희는 가서 모든 족속으로 제자를 삼아 아버지와 아들과 성령의 이름으로 세례를 주고 (마태복음 28:19).

연합감리교회는 다른 개신교와 같이 예수께서 그의 제자들에게 주신 사랑의 행위인 세례와 성만찬을 (성찬식) 행한다. 우리는 그리스도께서 제정하신 성례가 그리스도인의 고백이요 우리를 향하신 하나님의 사랑의 상징이요 보증임을 믿는다. 이들은 그에게 대한 우리의 믿음을 활력 있게 하고, 튼튼하게 하는, 우리 안에서 보이지 않게 역사하는 은혜의 방편이다.

천주교는 세례와 성만찬 외에도 다섯 가지 성례전이 더 있다. 견진성사는 교회의 일원이 되고 완전한 기독교인의 생활을 시작할 것을 약속하는 성례이다. 고백성사는 금식, 순례 등을 행하는 의식이다. 병자성사는 특별히 위급한 병자에게 기름을 바르는 의식이다. 신품성사는 목사 또는 사제의 서품이다. 그리고 혼배성사가 있다. 신약성경에는 세례와 성만찬만이 성례전으로 언급된다.

◆ 성만찬 (은총의 수단)

연합감리교회의 창시자인 요한 웨슬리는 성만찬을 가리켜 하나님께서 우리들로 하여금 죄를 거부하고 그의 형상대로 우리의 영혼을 재생시키도록 돕기 위하여 그의 은총을 보내주시는 방편이라고 했다. 웨슬리는 은총의 방편이란 글자 그대로 방편에 불과하다고 말했다.

> 오직 하나님의 성령만이 구원의 능력이 있고……하나님께서 무엇을 정하셨든지 간에 당신이 진정으로 하나님만을 신뢰하지 않으면 당신의 영혼에 아무런 은총도 가져다 줄 수 없다……하나님께로부터 오지 않은 어느 것도 당신의 영혼을 만족시킬 수 없다 (*Wesley*, *Works*, 146쪽).

연합감리교회는 개방적인 성만찬을 믿는다. 개방적이란 뜻은 연령에 제한 없이 누구나 참여할 수 있는 권한을 뜻한다. 진심으로 죄를 회개하며 이웃을 사랑하고 더불어 화목하고 뜻을 정하여 행실을 고치려는 심정으로 참여하면 된다. 다른 교파 중에는 세례를 받고 12세가 된 사람만 성만찬에 참여할 수 있다.

웨슬리는 하나님께서 제공하시는 것을 받기 원하는 사람은 누구나 성만찬에 참여할 수 있고 심지어는 회심하지 않았어도 하나님을 찾고 있는 사람이면 누구나 성만찬에 참여할 수 있다고 확신했다. 웨슬리는 하나님께로부터 가장 멀리 떨어져 있는 사람들이야말로 누구보다도 성만찬을 필요로 하는 사람들이라고 가르쳤다.

연합감리교회는 성만찬을 통하여 그리스도의 영적 임재를 믿는다. 이것은 우리가 먹는 빵과 포도주가 실제로 예수님의 몸과 피라고 믿는 신학과는 대조되는 입장이다. 천주교는 화체설을 믿으며, 이 교리는 보이는 빵은 빵이 아니고 그리스도의 실제 몸이라고 믿는 것이다. 천주교는 지금도 빵과 포도주가 실제로 변한 그리스도의 몸과 피라고 믿는다.

마틴 루터는 천주교 교리에 대하여 중도적인 입장을 취한다. 루터는 빵과 포도주가 실제로 변한다는 교리를 부정하면서 예수님의 육체가 빵 속에 있고 예수님의 피가 포도주 속에 있는 것이지 빵과 포도주가 변한 것이 아니라고 주장했다. 오늘날 루터교는 루터의 입장을 따르면서 성체공재설(Consubstantiation)의 교리를 가르친다.

연합감리교회는 그리스도가 영적으로 임재하시는 것은 확실하지만 빵과 포도주의 본체가 변화되는 것은 아니라고 믿는다.

3. 세례의 의미

초대 교회에서는 세례가 아주 중요한 경험이었다. 웨슬리에게 있어서 세례는 한 분 되신 우리 주님이 계속해서 그의 교회에 수여하는 내적 은총의 외적인 표증이라고 했다. 웨슬리는 "세례를 받음으로써 우리는 하나님의 자녀가 되고……우리는 그리스도의 몸에 접목이 된다"고 말했다. 웨슬리는 세례의 가치가 "외적인 씻음에 있지 않고 내적인 은총"에 있다고 지적했다 (Works, Ⅱ, 156; Ⅵ, 15).

신약성경은 세례를 주관하시고, 세례를 받는 이에게 성령을 보내시는 분은 하나님이라고 가르친다. 세례 요한은 자기보다 더 위대한 예수라는 분이 물로 세례를 주는 것이 아니라 성령으로 너희에게 세례를 주시기 위하여 오시리라고 말했듯이, 세례의 의미는 물을 사용하는 것이 중요한 것이 아니라 성령을 받는 것이 중요한 것이다.

세례를 받는다는 것은 봉사의 삶으로 부름 받는 것을 의미한다. 하나님의 고난의 종 예수님은 그 자신을 위하여 살지 않고 모든 사람을 위하여 사셨다. 우리는 그리스도의 종으로서 이 세상에 보냄을 받았고 우리가 서야 할 장소는 항상 우리의 봉사를 필요로 하는 곳이다.

세례는 우리가 신앙공동체의 일원이 된다는 것을 뜻한다. 신약성경은 세례를 받는다는 것이 그리스도의 제자가 되기 위한 서약을 받아들이는 표시라고 말했다.

그 말을 받는 사람들은 세례를 받으매……주께서 구원받는 사람을 날마다 더하게 하시니라" (사도행전 2:41상반절, 47하반절).

그러므로 세례는 교회가 교회의 친교에 참여하려는 사람들에게 손을 내미는 행위이다.

◆ 세례 양식

예수님이 탄생하기 이전 시대부터 쿰란(Qumran)이라고 불린 사해 공동체에서 이미 침례와 씻는 의식을 세례로 행하고 있었다 (주전 167－주후 65년). 성서학자들간에는 초대교회의 세례 양식에 대하여 서로 엇갈린 견해들을 가지고 있다.

기독교 역사에서는 세례 양식에 대한 논쟁이 오래 계속되어 왔다. 침례교인들과 과격한 복음주의자들은 침례를 받기 전에는 세례가 유효하지 않다고 주장하지만, 연합감리교는 침례를 받거나 물을 뿌리거나 혹은 물을 머리에 붓는 세례 양식을 다 유효한 세례로 인정한다.

침례를 주장하는 사람들은 침례의 증거를 신약성경에서 찾으려고 했으나 성서학자들도 사도들이 어떠한 세례 양식을 사용했는지 정확하게 증거를 대지 못한다.

세례 양식에 대한 견해 차이가 심하다는 사실은 어느 특정한 세례 양식을 따르도록 분명하게 지시되어 있지 않다는 증거이다. 연합감리교회는 세 가지 세례 양식을 다 사용하고 있다.

◆ 영아 세례

연합감리교회의 영아 세례는 부모와 회중들이 어린이를 양육하겠다는 위임을 선언하는 제도화된 관례이다.

신약성경 시대의 영아 세례 실시에 대한 학문적 견해는 다양하다. 영아 세례에 대한 분명한 예를 성경에서 찾아볼 수 없지만 영아들이 세례를 받은 것으로 보이는 성경구절들은 많이 있다 (사도행전 2:41; 10:48; 16:15, 33; 고린도전서 1:16; 16:15). 신약성경 학자인 오스카 쿨만(Oscar Cullmann)은 영아 세례가 실시되었건 아니 되었건 간에 신약성경의 세례의 교리는 영아 세례와 서로 모순된 것이 아니라고 선언했다.

세례는 근본적으로 우리가 우리 자신을 위하여 행하는 것이 아니고 하나님께서 우리를 위하여 행하시는 것이라는 사실을 인정한다면, 하나님은 성인과 마찬가지로 영아들을 위해서도 세례를 베푸실 수 있으시다. 세례를 받는 어린아이들이 세례의 의미를 이해할 필요는 없다. 영아 세례를 통하여 하나님께서는 그의 사랑과 어린아이들에 대한 관심을 그의 교회를 통해서 선언하신다. 우리가 하나님의 사랑에 보답하건 아니 하건 간에 우리를 향한 하나님의 사랑은 확고부동하시다.

누구든지 그리스도와 합하여 세례를 받은 자는 그리스도로 옷입었느니라 (갈라디아서 3:27).

영아 세례는 어린아이의 기독교적 양육에 그 책임을 다하겠다는 교회의 공적 선언이다. 인간이 그리스도를 개인적으로 받아들이도록 인도하는 가장 적절한 방법은 그들을 기독교 공동체 안에서 양육하는 것이다.

V
신앙생활의 훈련

초대 감리교인들은 규칙적으로 신앙을 단련하려고 전심전력을 다했다. 그들은 시간을 정해놓고 매일 기도하고 성경을 공부했으며, 규칙적으로 도움이 필요한 사람들을 도왔으며, 규칙적으로 예배에 참여했다. 그들은 자유롭고 자연스러운 감정 표현과 따뜻한 감정을 중시하였지만 기독교인의 삶은 단순한 감정 이상의 본질적인 기초에다 터를 잡아야 한다는 것을 깨달았다. 그런 의미에서 그들은 새 신자들에게 신앙이 성숙하여 그리스도에게 헌신할 수 있도록 기도생활을 하라고 권장하였다.

1. 기도

우리가 의식하지는 못하지만 우리 생각의 대부분이 기도라고 말할수 있다. 생활 가운데서 힘들고 어려울 때, 또는 기쁘고 즐거울 때 우리는 누구에게 말하고 싶은 심정을 가지게 되는데 이것은 인간이면 누구나 가지게 되는 감정이다. 이러한 기회가 생길 때마다 우리를 알아주고 보호해 주시는 창조주 하나님께 우리의 심정을 말하는 것은 당연하다. 누군가가 우리를 도와주고 들어주는 분이 없다고 믿으면 우리는 매달려 간구할 필요가 없는 것이다.

어느 날 제자들은 예수님께 기도를 가르쳐 달라고 했다. 그때 예수님은 제자들에게 주의 기도를 가르쳐 주셨다.

하늘에 계신 우리 아버지 이름이 거룩히 여김을 받으시오며 나라이 임하옵시며 뜻이 하늘에서 이룬 것같이 땅에서도 이루어지이다 오늘날 우리에게 일용할 양식을 주옵시고 우리가 우리에게 죄지은 자를 사하여 준 것같이 우리 죄를 사하여 주옵시고 우리를 시험에 들게 하지 마옵시고 다만 악에서 구하옵소서 (마태복음 6:9-13).

예수님은 장황한 기도를 제자들에게 가르쳐 주지 않으셨다. 예수님은 하나님 앞에서 살아가야 할 길과 하나님과 함께 하기 위한 길을 제자들에게 가르쳐 주셨다.

좋은 인간관계를 유지하려면 시간이 걸린다. 다른 사람을 위하여 시간을 내고 즐거운 시간을 함께 보낼 의사가 있어야 한다. 또한 좋은 인간관계를 유지하려면 개인의 고통이나 기쁨을 서로 나눌 수 있는 모험이 필요하다. 우리가 하나님과 좋은 관계를 유지할 수 있는 길도 이와 똑같다.

우리가 하나님과 친분 관계를 맺으려면 하나님과 함께 지낼 시간을 가져야 하며, 하나님이 우리와 함께 계심을 기뻐하고, 우리의 삶 속에서 하나님과 가장 가까운 우리가 되도록 기꺼이 시간과 노력을 바칠 의사가 있어야 한다. 제자들이 기도에 대하여 예수님에게 물었을 때 예수께서는 기도에서 중요한 것은 언제, 어떻게, 무슨 내용으로 기도하느냐가 중요한 것이 아니고 꾸준히 기도에 힘쓰는 것이 중요하다고 말씀하셨다.

너희 중에서 누가 벗이 있는데 밤 중에 그에게 가서 말하기를 벗이여 떡 세 덩이를 내게 빌리라 내 벗이 여행 중에 내게 왔으나 내가 먹일 것이 없노라 하면 저가 안에서 대답하여 이르되 나를 괴롭게 하지 말라 문이 이미 닫혔고 아이들이 나와 함께 침소에 누웠으니 일어나 네게 줄 수가 없노라 하겠느냐 내가 너희에게 말하노니 비록 벗됨을 인하여서는 일어나 주지 아니할지라도 그 강청함을 인하여 일어나 그 소용대로 주리라 내가 또 너희에게 이르노니 구하라 그러면 너희에게 주실 것이요 찾으라 그러면 찾을 것이요 문을 두드리라 그러면 너희에게 열릴 것이니 (누가복음 11:5-9).

이 비유의 요점은 무엇인가? 예수님이 말씀하시려고 하는 것은 우리의 기도가 별로 도움이 안 된다고 생각할지라도 계속 기도해야 된다는 것이다.

우리는 기도를 어느 때든지 할 수 있다. 그러나 하루 중 시간을 택하여 하나님과 단독으로 만나는 시간을 가지도록 특별히 노력하는 일이 효과적이다. 요한 웨슬리는 아침 일찍 동이 트기 전에 일어나 하루의 첫 시간을 기도와 성경공부로 시작하여 그날 전체를 이에 준하여 규칙적인 생활을 하였다.

우리가 언제, 무엇을, 어떻게 기도하느냐가 문제가 아니라 우리가 기도에 임하느냐 아니 하느냐가 문제이다. 우리가 기도하는 중요한 이유는 하나님과 함께 기쁜 시간을 갖고자 함이다. 하나님께서 우리와 가까이 계시다는 기쁨을 경험하고 하나님의 손길이 우리의 삶을 어루만져 주신다고 느낄 때가 바로 하나님과 기도하는 순간이라고 말할 수 있다.

우리는 개인기도와 공중기도를 한다. 개인기도와 공중기도는 하나님의 존재를 경험하는 데 방법만 다를 뿐이지 서로 상호적인 관계를 가지고 있다. 우리는 개인기도를 통해서 하나님과 개인적으로 만날 수 있다. 개인기도를 통하여 우리는 우리의 내부 깊숙이 자리잡고 있는 생각이나 느낌을 발산할 수도 있고 아니면 편안한 마음으로 쉬면서 하나님과의 만남을 즐길 수 있다. 그리고 대중기도를 통하여 다른 사람들과 함께 찬양할 수 있고 한 목소리로 통성기도를 할 수 있다. 단지 하나님과 만나는 길이 서로 다를 뿐이다.

하나님께서 우리의 기도에 응답하시는 것이 사실이지만 하나님의 응답이 우리가 원하는 대로만 이루어지는 것만은 아니다.

2. 신앙의 나눔

기독교 신앙이 지속되기 위해서는 나눔이 필요하다. 우리에게 좋은 일이 생겼을 때 그 기쁨을 다른 사람들과 나누고 싶어하는 심정은 자연스러운 것이다. 그런 의미에서 하나님이 우리와 함께 하신다는 사실을 나눈다는 것은 신앙생활을 위한 훈련의 한 부분이다.

그리스도인은 자신의 삶 속에서 하나님의 사랑을 체험하고, 또 더 나아가서는 다른 사람에게 그 체험을 보이고, 입증하며, 선포하면서, 모든 사람들이 그 사랑을 알도록 증거해야 한다. 이렇게 우리의 체험을 나누는 것이 바로 전도이다. 전도는 노방전도를 한다던가, 텔레비전에서 설교를 한다던가, "당신은 구원을 받았느냐?"고 묻는 것이 전도일 수도 있지만, 근본적인 의미에서 전도는 그리스도의 용서의 사랑으로 인하여 자유스러운 삶을 매일 살려고 하는 의지를 보이고 그 사랑을 다른 사람과 나누는 것을 뜻한다. 다른 사람들이 우리의 신앙

연합감리교회의 특징

생활을 지켜보면서 자신들이 갖기를 희망했던 기쁨, 헌신, 평화, 그리고 소망 등을 보게 될 때에 바로 그때가 복음을 전하는 출발점이 될 것이다.

봉사하는 사랑의 행위가 복음을 나누는 데 필수적인 반면에, 예수님이 우리에게 들려준 이야기를 전하고, 하나님의 말씀을 선포하며, 우리가 이웃을 사랑하고 봉사하게 된 동기를 담대하게 증거하는 것도 필요하다. 다시 말해서 우리는 그리스도의 제자로서 하나님의 사랑으로 용서함을 받고, 은총의 선물을 받은 사람들이며, 더 나아가서는 그리스도의 이름으로 다른 사람들을 사랑하도록 부름을 받은 사람들임을 증거하여야 한다.

기독교인들이 정의를 위하여 투쟁하고 가난한 자와 억압받는 사람들 편에 서서 일하고, 또 배고픈 사람들에게 양식을 나누어주는 것은 인본주의적인 입장에서 행하는 것이 아니라 우리가 하나님으로부터 받은 사랑을 세상 사람들에게 보여주고 나누어주고 싶기 때문에 행하는 것이다. 우리가 신앙을 전하는 목적은 이 세상에 있는 우리의 형제자매들이 우리와 마찬가지로 하나님의 사랑을 받아 용서받고 은총의 선물을 받아 희망을 간직하게 된 하나님의 자녀임을 깨닫게 하는 데 있다.

3. 신앙의 표현

연합감리교인은 신앙과 행동을 항상 서로 연결시킨다. 하나님이 우리 마음속에 계신다면 우리는 하나님이 우리를 쓰시어 하나님의 사업을 이 세상에서 하시도록 해야 한다. 교회는 구원받은 사람들의 안식처가 아니다. 교회는 사도적이어야 하며, 이 사도적이란 희랍어의 뜻은 보냄을 받은 자이다.

사랑하는 자들아 우리가 서로 사랑하자 사랑은 하나님께 속한 것이니 사랑하는 자마다 하나님께로 나서 하나님을 알고 사랑하지 아니하는 자는 하나님을 알지 못하나니 이는 하나님은 사랑이심이라……사랑하는 자들아 하나님이 이같이 우리를 사랑하셨은즉 우리도 서로 사랑하는 것이 마땅하도다 어느 때나 하나님을 본 사람이 없으되 만일 우리가 서로 사랑하면 하나님이 우리 안에

거하시고 그의 사랑이 우리 안에 온전히 이루느니라……누구든
지 하나님을 사랑하노라 하고 그 형제를 미워하면 이는 거짓말하
는 자니 보는바 그 형제를 사랑치 아니하는 자가 보지 못하는바
하나님을 사랑할 수가 없느니라 (요한1서 4:7-8; 11-12, 20).

정의와 사랑의 행동을 통해서 신앙을 보이려면 훈련이 필요하다.
초기 감리교인들은 종종 공격을 받고 조롱을 받았는데 그 이유가 감리
교의 신학적 입장 때문이 아니고 정책 때문이었다. 그들은 어린이 노
동법, 흑인 노예폐지, 음주 조절, 그리고 노동자들을 위한 계약 등을
위해 투쟁했다.

그런즉 서서 진리로 너희 허리띠를 띠고 의의 흉배를 붙이고 평
안의 복음의 예비한 것으로 신을 신고……모든 기도와 간구로 하
되 무시로 성령 안에서 기도하고 이를 위하여 깨어 구하기를 항
상 힘쓰며 여러 성도를 위하여 구하고 또 나를 위하여 구할 것은
내게 말씀을 주사 나로 입을 벌려 복음의 비밀을 담대히 알리게
하옵소서 할 것이니 (에베소서 6:14-15, 18-19).

Ⅵ
교회사

1. 카타콤과 가정교회 (주후 32-312년)

기독교는 처음에 유대교의 한 종파로 간주되었다. 예루살렘과 안디옥 같은 지역에서는 바울과 베드로와 같은 사도들의 인도를 받아 나사렛 예수가 진실로 오랫동안 기다렸던 이스라엘을 구원할 구세주임을 선포하였다. 이 유대계 기독교인들은 점차적으로 유대교와 손을 끊고 기독교를 새로운 종교로 부각시켰다.

초대 그리스도인들은 가정에 모여 예배를 드렸다. 그들은 유대인의 안식일이었던 토요일 대신에 그리스도께서 부활하신 일주일의 첫날인 일요일에 예배를 드렸다. 그들은 일요일을 주의 날로 삼고, 그날이 되면 성찬식을 행하고, 성경을 읽고, 찬송을 기쁘게 부르며 새 신자들에게 세례를 베풀었다. 초대 그리스도인들에게는 묘지마저 허용되지 않았던 박해의 시대였기 때문에 로마 근처에서 순교 당한 교인들은 지하 무덤인 카타콤(Catacomb)에 안장되었다. 그 당시 로마 당국은 그리스도인들이 말썽을 부리고 분란을 도모한다고 보았기 때문에 박해가 심했다. 그러나 그리스도인들은 로마 황제의 명령에 굴하지 않았다. 오히려 박해 때문에 그들의 신앙은 점점 더 깊어만 갔다. 그들의 순교는 이방 종교인들에게 오히려 감명을 주었다. 사도 바울이 말한 것처럼 초대교회 순교자들은 "이는 내게 사는 것이 그리스도니 죽는 것도 유익함이니라"(빌립보서 1:21)라고 신앙고백을 하였기 때문에 더욱 감동을 주었던 것이다.

초대교회에는 다양한 직제가 있다. 감독(bishop)은 신도들에게 설교하고, 가르치며, 예배를 인도하였다. 집사(deacon)는 감독을 보좌하는 직책으로 예배를 돕고, 과부나 고아나 감옥에 수감된 사람들을 보살폈다. 박해가 심해 갈수록 과부나 고아, 그리고 감옥에 수감된 신도들의 수가 늘어갔기 때문에 집사들의 필요성이 절실해졌다. 또 어떤 교회들은 장로(elder)들이 교회를 이끌어 나갔다. 그 밖의 교회 직책으로는 예언자 (교사와 성서 해석자), 교사, 병고치는 자, 전도자, 그리고 행정가 등이 있었다.

초대교회가 당한 심한 박해에도 불구하고 기독교는 로마 제국 전역에 급속도로 전파되었다. 초대교회에서는 예배를 드릴 때 성찬식을 거행했는데 온 교인들이 준비한 빵과 포도주 또 기타 음식으로 성찬을 차리고 감독의 축복기도와 집사들이 음식을 나누어주는 순서로 행해졌다. 그후에 성찬식은 의식화되어 빵과 포도주를 상징으로 조금씩 사용하게 되었다.

초대교회의 입교식은 세례의식의 일부였다. 박해로 인하여 일단 기독교 신앙에서 떠났던 사람이 다시 기독교로 들어오기를 원했을 때에는 입교식을 다시 거쳐야 했다. 이들은 회중 앞에서 그들의 비신앙적인 과오를 고백하고 감독의 안수를 받았다.

초대교회가 모든 면에서 다 평화로운 것만은 아니었다. 사도 바울의 서신에 나타난 바에 의하면 교회 내에 분쟁도 많이 있었다. 신앙의 본질에 대한 논쟁 때문에 분열이 일어났다. 영지주의 (Gnosticism) 사상의 영향을 받아 어떤 기독교인들은 자기들만이 특별한 지혜를 소유했기 때문에 다른 사람들보다 우월하다고 생각했다. 영지주의자들은 모든 육체와 물질은 죄악된 것이고 그리스도는 성육신화된 것이 아니라고 주장했다.

교회는 이러한 이단들에 대처하기 위하여 교회의 기본적이며 역사적인 신앙을 대표할 수 있는 신조를 만들었다. 사도신경이 바로 이러한 신조이며, "그 외아들 우리 주 예수 그리스도를 믿사오니 이는 성령으로 잉태하사 동정녀 마리아에게 나시고 본디오 빌라도에게 고난을 받으사……"라고 기록한 이유는 예수가 하나님의 아들이지만, 그는 인간으로 태어났고 다른 인간들처럼 고통을 당하여 우리 인류를 구원하고 해방시킬 수 있었음을 증언했던 것이다.

기독교는 외부로부터 오는 박해와 내부에서 일어나는 분쟁에도 불구하고 계속 성장했다. 기독교는 문란해진 로마 제국에 새 활력을 불어넣어 주었으며, 모든 종족과 모든 계급의 사람들에게 삶은 죽은 후에도 가치가 있다는 새 가치관을 깨우쳐 주었다. 기독교인들은 그들을 박해하는 사람들까지도 사랑하였다.

콘스탄틴 황제가 주후 312년에 기독교를 정식으로 공인하면서 로

　　　　　　　　　　　　　　연합감리교회의 특징

마 사회의 저변에서 박해로 어려움을 당하던 교회운동이 이젠 국가 종교로 활성화하게 되었다.

2. 신학논쟁과 교회성장 (주후 325-590년)

콘스탄틴 황제는 기독교를 국교화하면서 로마 제국을 통합시키기를 원했다. 그러나 심한 신학논쟁으로 인하여 교회는 통합을 하지 못하였다. 이집트에서는 아리우스(Arius)라는 교회지도자가 나타나 그리스도는 가장 위대하고 훌륭한 피조물인 인간이지만, 그는 피조물에 불과하지 영원한 하나님은 될 수 없다고 가르쳤다. 이러한 아리우스의 교리는 기독교 구원의 기본 원칙에 위배된다고 하여 아다나시우스(Athanasius)에 의해 도전을 받게 되었다.

콘스탄틴 황제는 주후 325년에 소아시아의 니케아(Nicaea)에서 회의를 소집하여 교회지도자들로 하여금 그리스도의 본성에 대한 문제를 논하도록 도와주었다. 니케아 회의에서는 아다나시우스가 승리했으며, 아다나시우스의 주장은 성자는 영원하며 성부와 같이 불변하다는 것이었다. 성부, 성자, 성령은 삼위일체를 이루며 이 삼위일체설은 하나님을 체험하는 길이 여러 가지가 있으며 하나님은 단 한 분이시라는 사실을 증언하는 설이다.

또 이 시기에는 세속화되어 가는 교회에 불만을 품고 자기들만의 공동체를 형성하는 수도원이 생겨났다. 수도승이라는 단어는 희랍어의 "단독"이라는 어원에서 유래되었다. 이 수도승들은 자기 훈련과 기도 생활 등을 통하여 초대교회가 보여준 헌신의 본보기를 보여주었다. 어떤 수도원은 성경 번역과 사본에 전심을 쏟았고, 어떤 수도원은 가난한 자와 병든 자들을 돌보았고, 또 어떤 수도원은 세상을 멀리 하면서 기도와 묵상으로 완전히 자신을 헌신하는 일에만 몰두하였다.

주후 410년에 로마 제국이 멸망했다. 어거스틴이 쓴 "하나님의 도성"은 제국의 멸망을 지켜보며 쓴 책이다. 이 책에서 어거스틴은 번영했던 로마 제국이 붕괴되어 가는 저 다른 편에 있는 새 제국, 새 도시, 즉 하나님이 세우신 하나님의 도성을 바라볼 것을 권면했다.

그리스도의 신성과 인성에 대한 논쟁이 끊임없이 일어났다. 주후 451년에 개최되었던 칼케돈(Chalcedon) 회의에서는 그리스도의 신성과 인성이 분명하지만 이 둘은 서로 분리할 수 없는 관계라고 선언했다. 이 칼케돈 선언에 반대한 기독교인들은 네스토리안, 콥틱, 그리고 제이콥이라는 동방교회를 형성하게 되었다. (1054년에는 교회가 콘스탄틴노플을 중심으로 한 동방교회와 로마를 중심으로 한 서방교회로 양분되었다.)

이 시기는 분열과 논쟁으로 인하여 교회가 어려움을 당했으나, 또 다른 한편으로는 온 세계가 받아들일 수 있는 신앙을 형성하기 위하여 기독교의 본질을 파헤치는 노력을 끊임없이 했던 시기였다. 학자들은 중요한 신앙의 본질을 놓고 논쟁할 때에는 열을 올렸으나 그로 인하여 기독교의 신앙을 명백히 규명할 수 있게 되었다. 교회는 분리되었지만 이로 말미암아 기독교 복음을 전파하는 데는 큰 공헌을 할 수 있었다.

3. 초기 중세기 (590-1150년)

수도원 제도는 이 시기에도 계속 성장했다. 수도원은 많은 사람들에게 무질서한 세상으로부터 도피처가 되었다. 사회적인 무질서와 붕괴가 있을 당시에 수도원은 학문과 문화의 중심지가 되었다.

기독교의 새로운 경쟁자는 황제가 아니고 주후 610년경에 나타난 모하멧(Mohammed)이라는 예언자였다. 모하멧은 유대교의 영향을 받은 사람이며 예수를 위대한 예언자로 간주하였다. 그러나 모하멧은 위대한 알라 (Allah) 신밖에 없다고 선포했으며, 이 세상을 모하멧 신앙으로 전환시키기 위하여 제자들로 하여금 맹렬히 전도사업에 힘쓰도록 했다. 북아프리카, 스페인, 중동지역, 그리고 이탈리아 남부지역은 이슬람교도들에게 점령되었다.

그리스도인들도 동일한 시기에 모하멧의 제자들이 전도사업에 열중했듯이 기독교 복음화에 열중하였다. 불란서, 영국, 그리고 독일이 이 시기에 기독교화되었다.

4. 후기 중세기 (1200-1500년)

이슬람교도로부터 성지를 보호하기 위하여 십자군이 파병되었다. 십자군이 잔인한 종교적 광신주의에서 새로운 부에 대한 탐욕으로 탈

바꿈하는 복합적 동기를 지닌 이 시기에 상업, 예술, 그리고 국민주의 사상이 확장되었다.

13세기의 천주교 교황은 세력이 커져 유럽의 어느 세속 왕가를 능가하는 광대하면서도 부유한 교황 제국을 확장시켜 나갔다.

이 당시 천주교에서는 성모 마리아에 대한 존경이 인기를 모으고 있었는데 이는 중세기에 이르러 그 절정을 이루었다. 아마도 마리아에 대한 인기는 그 당시에 묘사된 그리스도의 엄격성과 대조를 이루어 또 다른 면을 보여주었기 때문인지도 모른다. 즉 그리스도는 사악한 자들을 냉담하게 심판하는 모습으로 비춰졌고, 마리아는 동정심과 이해심이 넘치는 예수님의 어머니로 묘사되었기 때문이다. 전쟁과 혼란으로 붕괴된 세상에서 사람들은 안식과 피난처를 믿음으로 추구했다.

중세기는 대조적인 시기였다. 고딕형의 웅장한 성당과 순례자들의 열성은 영적인 생동력이 있었다는 증거이고 이는 교회가 사회를 지배했었다는 증거이다. 그러나 다른 대조적인 현상으로는 사회의 비참한 모습과 교회 내부의 부패는 개혁이 절대적으로 필요하게끔 되었다. 일반 대중은 자기 만족과 사치만을 일삼는 교회로부터 소외감을 가지게 되었다. 중세기의 교회는 삶을 가치 있게 살아가기 위하여 삶의 짐을 덜어주는 입장에 있었던 것이 아니라 미래의 심판에 대비하여 징벌을 피하기 위한 규칙으로서의 신앙을 더 강조하였다. 그리하여 교회의 개혁은 불가피하게 되었고 개혁자들이 서서히 부각되기 시작하였다.

5. 종교개혁 (1500-1600년)

15세기는 교회의 쇠퇴기였다. 이 시기의 교황들은 영적인 면보다 그들의 허영심, 군사문제, 그리고 부도덕한 면으로 더 잘 알려져 있다. 사회 전반적으로 볼 때 교회는 타락해 있었다.

교회에 항기하는 외침이 방방곡곡에서 일어났다. 신부의 부도덕성, 교황의 사치, 빈민을 탈취하는 행위, 개체교구의 무관심, 이단 신학, 예배를 어지럽히는 미신적 행위, 이 모든 것들이 바로 개혁을 요하는 내용들이었다.

독일의 수도승 마틴 루터는 교황청에서 내보낸 사람들이 면죄부를 팔고 있는 것을 보고 종교개혁의 필요성을 절감하였다. 이 면죄부는 영원한 형벌로부터 구원을 받을 수 있다는 내용으로 로마에 있는 베드로 성당 건축기금을 위하여 팔리고 있었다. "금고 속에 은전 한 잎 떨어지기만 하면 연옥에서 영혼이 빠져나온다"라는 표어가 그 당시에 유행하였다.

루터는 교황의 신성불가침설을 반대하였다. 루터는 교회의 절대 권위는 성경이지 지도자가 아니라고 보았다. 구원은 면죄부나 개인의 선행으로 인하여 오는 것이 아니라 오직 하나님의 은총으로만 가능하다고 주장하였다. "의인은 그 믿음으로 말미암아 살리라"(하박국 2:4; 로마서 1:17)라는 성경구절을 루터는 인용하였다. 신앙, 즉 하나님을 신뢰하는 것만이 우리의 희망이지 우리의 선행이나 교회의 선행에 희망이 있는 것이 아니라고 루터는 주장하였다.

루터의 뒤를 이어 다른 종교개혁자들이 나타났다. 독일과 스위스에서는 즈빙글리(Zwingli)가 예배를 급진적으로 개혁할 것을 요구했다. 즈빙글리는 성찬식의 빈도수를 줄이고 설교에 중점을 두어 주일 예배를 간소화하자고 주장하였다. 죤 칼빈(John Calvin)은 제네바에 도시정부를 세우고 성경만이 신앙을 좌우할 수 있다는 개신교 원칙을 전제하면서 여러 권의 신학 서적을 출판했다. 영국에서는 헨리 3세가 교황청으로부터 이탈하여 자신이 영국 국교회의 수뇌가 되었다. 죤 녹스(John Knox)는 스코틀랜드에서 장로교 운동을 전개했다.

일 세기도 못되어 서방교회는 여러 갈래로 분리되었다. 새로운 영적 운동이 유럽에서 일어나면서 종교개혁은 기독교에 큰 변화를 초래하게 되었다. 개신교로 말미암아 성경과 설교가 부각되었다. 종교개혁자들간에는 세례와 성찬식을 개신교의 성례로 인정을 했지만 이 두 성례에 대한 의견 차이는 그대로 존재해 있었다. 종교개혁의 개인주의와 만민사제설의 결과로 개인의 양심이 보다 더 중시되었다.

로마 교회(천주교)는 종교개혁의 거센 바람으로 인하여 시련을 많이 겪었으나 1545년 트렌트 회의를 소집한 이후 많은 자체 내의 개혁을 가져왔다. 이그나시우스 로욜라(Ignatius Loyola)는 예수회(Jesuits)를 조직하여 새 세계에 복음을 전파하고 선교사업에 헌신하는 열심 있는 조직의 시조가 되었다. 이 예수회 선교사들로 인하여 새 대륙 탐험의 물결을 타고 발견되었던 그 당시의 신대륙들은 대부분 구교의 요람지가 되었다.

6. 종교개혁 이후 (1600년 - 현재)

종교개혁 이후 유럽은 쓰라린 종교싸움으로 인하여 시련을 겪었다. 천주교는 종교재판으로 개신교를 박해하였고, 개신교는 천주교와 다른 개신교들을 박해하였다. 이때 퀘이커와 침례교 같은 교파들은 종교의 박해를 피하여 미국으로 들어왔다. 이로 말미암아 미국은 초창기부터 종교의 자유로 인하여 다양한 종교문화를 형성하게 되었다.

계몽주의 시대라고 일컬은 18세기의 사상적 흐름은 이성과 자연적 성향이 인간의 모든 욕구를 해결해 줄 수 있다는 낙천적인 견해를 가지고 있었다. 이 낙천적인 인본주의는 인간이 갈구하는 이상적인 희망이 되지못했다. 그 이유는 흑인 노예, 유혈혁명과 전쟁, 그리고 아직 뿌리를 내리지 못한 산업혁명의 공포가 인간의 노력으로 모든 것을 해결할 수 있다는 낙천적인 사상에 도전했기 때문이다.

이 당시 미국에서는 심령부흥운동이 대륙을 휩쓸었는데 이러한 심령부흥운동은 지식인들이 냉정한 이성을 추구하고, 또 비도덕화되어 있는 계몽사상과는 반대로 종교적 열정과 열심을 불러일으키게 되었다. 개척지마다 야외집회(Camp Meeting)와 부흥회를 열게 되자 광활한 미국 땅은 세계에서 가장 큰 개신교의 분포지역을 형성하게 되었다. 이 시기에 감리교가 미국에서 가장 큰 개신교의 교단으로 두각을 나타냈다.

이러한 심령부흥운동과 그 운동의 결산으로 생겨난 교회들은 미국 개신교 역사에 독특한 특징을 남기게 되었다. 이 특징들은 열정적인 신앙생활과, 진취적인 십자군 정신과, 따스한 감정과, 그리고 개인적인 헌신봉사의 생활을 할 수 있도록 분위기를 조성해 주었다는 사실 등이라고 말할 수 있다. 반면에 미국의 개신교가 지닌 약점이 있었다면 비이성주의, 고립된 개인주의, 성례전의 무시, 그리고 신학의 단순성 등이었다고 말할 수 있겠다.

19세기는 선교활동이 활발했던 시기였다. 세계 도처로 향한 선교운동에 참여한 감리교회와 복음주의연합형제교회는 기독교 확장운동에 큰 공헌을 하게 되었다. 한국에 개신교가 들어간 때도 바로 이 시기였다. 한국 감리교의 개척자인 아펜젤러 목사 부부와 한국 장로교를 개척한 언더우드 목사가 미국으로부터 인천항에 상륙하였다. 이 두 선교사는 선교활동이 왕성하던 19세기에 한국을 택했던 것이다.

19세기에 있었던 사회개혁운동은 노예착취, 어린이 노동착취, 여성 억압, 음주 중독, 사창 등 사회문제에 대항하여 일어났는데 기독교인들 중에는 이 운동에 참여한 사람들이 많았다. 웨슬리와 오토바인의 추종자들은 영적 성장에 관심이 컸던 만큼 사회악을 제거하기 위한 사회운동에도 많은 관심을 가졌다.

20세기의 교회들은 전체주의, 전쟁에 대한 공포증, 그리고 전쟁과 기근으로 인한 피난민 문제를 놓고 투쟁해야 했다. 증가일로에 있는 세속화, 핵전쟁의 위협, 인종차별 문제, 도시화, 기아문제, 에너지 위기, 그리고 군국주의 등등이 20세기의 교회가 당면한 심각한 문제들이다. 20세기 후반에 처해 있는 미국의 대교단들은 감소되어 가고 있지만 소교단들은 급격히 증가하고 있으며, 아시아와 아프리카 대륙에서도 교회수가 급격히 증가하고 있다.

21세기의 교회가 당면할 문제들은 20세기가 당면했던 문제 외에도 급속도로 세속화되어 가는 교회를 위한 교회 선교의 새로운 전략과, 과학문명에 의한 사회변화와, 국가간의 빈부 차이와, 지하자원의 부족, 인구증가 등이 심각한 문제로 교회를 도전할 것이다.

7. 19세기 말기의 한국 기독교 (1885-1910년)

대원군에 의하여 고수되던 쇄국주의는 한국을 국제사회로부터 영원히 고립시키지 못했다. 1876년에 일본과 맺은 수호조약 이후 한국의 문은 서서히 개방되기 시작했다. 드디어 1884년에는 스크랜튼과 알렌이 의료사업에 종사하게 되었고, 1885년에는 감리교의 아펜젤러와 장로교의 언더우드가 처음으로 인천항에 도착하면서 19세기 말 개화의 분위기와 때를 맞추어 한국 땅에 복음의 씨가 뿌려졌던 것이다. 이 두 교파는 구령운동과 교회확장운동에 전심을 다 쏟았으며, 이 초창기에 장로교는 벌써 만여 명이 넘는 교인을 가진 교단으로 성장했고, 감리교는 장로교의 반쯤 되는 교인수를 확보하게 되었다. 초기 한국교회는 교육사업, 의료사업, 청년사업, 여성운동, 그리고 문서사업에 큰 공헌을 했으며 특히 개화운동에 앞장섰다.

8. 20세기 초기의 한국교회 (1911-1945년)

1910년에 한국이 일본의 식민지가 되자 한국교회와 지도자들은 시련을 당하게 되었다. 한일합방이 자아낸 불안과 절망에도 불구하고 한국교회는 계속 성장했다. 1930년에는 교인수가 무려 37만 명을 넘게 되었다.

20세기 초기는 일제의 무단정치, 문화정치, 그리고 민족투옥정치로 인하여 한국 교계의 지도자들은 무수한 역경을 치러야만 했던 시기였다.

이 시기의 기독교 지도자들은 일제의 식민지로부터 독립의 꿈을 품고 3.1 운동을 전개했으나 무수한 사상자를 내고 좌절되고 말았다. 그러나 3.1 운동의 33명 발기인의 대부분이 목사들이었기 때문에 3.1 운동은 외적으로는 한국 기독교의 정신을 과시할 수 있는 기회가 되었고, 내적으로는 민족적 자아의식을 불러일으키게 하였다. 일본측에서 보더라도 무단정치에서 문화정치로 탈바꿈한 것도 바로 3.1 운동이 일어난 후였다. 그러나 일본의 문화정치가 곧 한국에 자유를 주자는 것은 아니었다.

또한 이때는 한국의 기독교가 일제에 대항하여 많은 투쟁을 하면서 민족주의가 뚜렷해진 시기였지만 신학적으로는 아직도 보수주의 사상에 휩쓸려 있었다.

이 시기에도 기독교는 계속 의료사업, 교육사업, 문서사업에 공헌했으며, 특히 주목할 만한 공헌은 1910년에 신구약이 완역되면서 700만 부의 성경을 출판했다는 사실이다. 이로 인하여 기독교는 한글을 민중언어로 발전시키는 데 큰 공헌을 하였다. 또한 이 시기는 한국교회가 신학에 눈을 뜨기 시작했던 시기이기도 했다.

9. 20세기 후반의 한국교회 (1946년 이후-현재)

1943년 이태리가 항복한 후 카이로에서 열린 영국, 미국, 중국의 3국 거두회담에서는 2차대전 후의 한국의 해방과 독립에 합의를 보았고, 1945년 독일이 항복한 후 포츠담 회의에서 다시 확인되어 8월 15일 일본의 항복과 함께 해방이 실현되었다.

급작스럽게 찾아 온 해방에 대비를 못했던 한국은 혼란을 거듭했고, 양분되었던 한국은 전쟁의 회오리바람에 다시 휩쓸리게 되었다.
36년이라는 긴 세월 동안 일제의 압제에서 고전했던 한국은 해방을
맞으면서 한국사회를 유지할 수 있는 이념이 빈곤하여 다시 어려움을
당하게 되었다. 그 결과로 해방된 지 5년도 채 못되어 6.25 전쟁이
일어나게 되었다. 이북 땅에서는 기독교가 서서히 자취를 감추게 되
었으나 이남에서는 기독교가 혼돈된 사회 속에서 계속 성장할 수 있었
다. 그러나 연속되는 사회불안을 극복하지는 못했다. 그 이유는 교
회 자체가 혼란을 겪고 있었으며, 교회 내의 분열이 가장 치명적인 원
인이었다고 말할 수 있다.

1960년대는 혁명의 시대였다. 4.19 학생혁명과 5.16 군사혁명이
60년대에 일어났다. 이 두 큰 혁명에 이어 학생 데모는 계속되었다.
1960년대의 기독교인의 성장률은 놀라왔다. 10년도 못되는 짧은 기
간 내에 100만도 못되었던 기독교인의 수가 300만대로 증가를 보였
던 놀라운 시기였다. 기독교의 기관단체가 많이 형성되었고, 그로 인
하여 선교활동, 문화활동, 사회봉사 등에 적극 참여하게 되었다. 60
년대 한국 교계의 또 다른 특징은 신흥종교들이 많이 생긴 시기였다.
학원과 사회는 민주화를 위해 투쟁했고 삼선 개헌 반대운동과 한일협
상을 반대한 것들이 60년대에 괄목할 만한 사건들이었다.

1970년대는 유신체제와 비약적인 경제 발전이 특징적이었다. 기
독교인의 수만 하더라도 60년대에 300만이었던 것이 두 배 이상으로
증가하여 700만 선으로 넘어섰다. 70년대가 한국사회에 공헌한 것
이 있다면 문화적 주체성을 찾는 운동이 활발했다는 사실이다. 전통
문화에 대한 반성과 아울러 한민족의 운명을 자율적으로 해결해야 한
다는 민족주의가 대두되기 시작했다. 또 70년대가 공헌한 한 가지는
공동번역 성서의 출판이라 할 수 있겠다.

1980년대는 정치, 경제, 문화, 그리고 종교 방면에서 70년대와는
양상을 달리하는 많은 현상들이 나타났다. 80년대의 교회는 70년대
가 가져다 준 급속도의 경제성장과 사회변동으로 인하여 생긴 온갖 부
조리 현상을 직면하면서도 계속 성장할 수 있었다. 그러나 사회가 부
패하여 가는 것을 보면서도 교회가 예언자적 역할을 하지 못하는 것을
보고 젊은 세대들간에 교회를 향한 회의가 노출되기 시작하였다.

1990년대는 민주체제의 확립을 들 수 있을 것이며, 정치계의 부정
부패가 드러났으며, 경제 성장이나 교회 성장이 눈에 뜨일 정도로 주

춤했던 시기로 생각된다. 주일학교는 물론 청소년, 청장년에 이르기까지 성장이 주춤했던 시기였다.

히브리서에는 미래의 확신이 없이 지쳐 있던 사람들에게 권면한 말이 있다. 이 말은 오늘날 우리들에게도 적용된다고 생각된다.

> 옛적에 선지자들로 여러 부분과 여러 모양으로 우리 조상들에게 말씀하신 하나님이 이 모든 날 마지막에 아들로 우리에게 말씀하셨으니 이 아들을 만유의 후사로 세우시고 또 저로 말미암아 모든 세계를 지으셨느니라 (히브리서 1:1-2).

VII

하나로 연결된 연합감리교회

1. 연대성의 특징

연합감리교회는 연대적이다. 연대적이라는 말은 정책, 행정, 그리고 관례에 있어서 서로 연결되어 있음을 의미한다. 연대주의 (Connectionalism)는 개체교회가 독립된 행정 단위로 되어 있는 체제와 상반되는 체제이다. 개체교회가 독립된 행정 단위로 되어 있는 교단에서는 개체교회가 교회의 정책을 정할 수 있고, 개체교회 나름대로 표준을 정할 수 있고, 목사를 안수할 수 있으며, 더 나아가서는 그 목사를 담임목사로 초빙할 수 있다. 그러나 연대성의 성격을 가진 연합감리교회는 이러한 체제를 허용하지 않는다.

연대주의적 체제의 명확한 특징들을 지적한다면 다음의 것들을 말할 수 있다. (가) 연대주의의 특징 중의 하나는 총회제도이다. 교회를 국가 정부와 비교한다면 총회는 입법부이다. 연합감리교회에서는 개체교회가 법과 정책을 만드는 것이 아니라 총회에서 만든다. 총회는 매 4년마다 개최되며 연합감리교회 정책을 결정한다. 총회는 각 연회에서 선출된 동수의 목사와 평신도로 구성된다. 총회가 가진 권한을 열거하면 다음과 같다.

a. 교인의 조건과 의무를 규정한다.
b. 교역자의 권리와 의무를 규정한다.
c. 연회, 지방회, 구역회 등의 권리와 의무를 규정한다.
d. 감독의 의무와 특권을 규정한다.
e. 교단의 예배를 위한 찬송가와 예문을 제정하고 수정한다.
f. 교단재판의 구성과 재판의 절차를 규정한다.
g. 전 교단적인 사업을 발기하고 지시한다.
h. 교단의 사업을 수행하기 위한 모금과 그 분배를 결정한다.
i. 지역총회에서 선출되는 감독의 통일된 선출기준을 제정한다.
j. 교단의 헌법을 제정한다.

총회는 1000명 이내로 구성된 작은 기구이지만 8백만이 넘는 연합감리교인들을 공식적으로 대표하는 기구이다.

(나) 연합감리교회의 "장정"(The Book of Discipline)은 연대성의 특징을 나타낸다. 장정은 연합감리교회의 율법책이다. 그런 의미에서 장정은 과정과 규칙들을 다루는 책이다. 장정은 어떤 특정한 해에 만들어진 책이 아니라 오랜 역사를 통하여 수차례의 총회를 거쳐 만들어진 책이다. 오랜 전통이 담긴 장정은 연합감리교회의 교회관을 잘 반영해 주고 있다.

장정은 연합감리교회의 헌법, 교리, 성직자가 되는 절차와 의식, 개체교회와, 지방회와, 연회와, 지역총회와, 총회의 조직과 운영, 파송절차, 그리고 교회재산관리 등의 내용을 담고 있다. 장정은 우리가 세상에서 그리스도를 어떻게 증거할 것이며, 더 나아가서는 그리스도가 우리에게 바라는 것이 무엇인가를 보여주는 책이다.

(다) 연합감리교회의 감독회는 연대주의의 특징을 나타낸다. 감독회는 연합감리교회의 영적인 관심사를 감독 지휘하며, 감독이 가진 가장 큰 권한 중에 하나는 연회를 감독 관할하며 모든 파송을 결정하는 것이다. 감독은 한 연회에서 8년 내지 12년까지 근무할 수 있지만 직책 자체는 평생직이다.

감독을 보좌하는 사람들이 감리사이다. 감리사의 임기는 6년이지만 감독의 재량에 따라 8년까지 연장할 수 있다. 감리사는 자기가 책임 맡은 지방의 교회들을 관할하고 개체교회 목사들을 위해 목사 역할을 한다.

(라) 연합감리교회는 다양한 소수민족과 문화적 구성요원의 필요에 따라 주일학교 교과과정을 출판한다. 현재는 영어, 스페인어, 한국어로 교재들을 발간하고 있다.

(마) 재판위원회는 (대법원에 해당됨) 교회법과 행정의 합법성을 해석한다. 모든 연합감리교회들은 (총회, 지역총회, 해외지역총회, 연회, 지방회) 논쟁이 되는 문제들을 재판위원회에 호소하여 판결 받을 수 있다.

(바) 연합감리교회의 목사들은 개체교회의 멤버가 아니고 연회의 멤버이다.

(사) 개체교회가 사용하는 교회건물은 그 교회에 속한 교우들의 실

제적인 필요에 따라 사용하는 것이지만, 법적으로는 연합감리교회의 유익을 위하여 재단이사들이 운영하는 것이다.

(아) 연합감리교회는 세계적으로 일어나는 기아문제, 질병, 그리고 교육문제 등에 신경을 쓴다. 개체교회가 연회에다 지불하는 세계선교 분담금이 이러한 목적들을 위하여 사용된다. 이러한 제도는 개체교회 혼자서 감당할 수 없는 사업들을 단합적으로 하는 데 그 의미가 있다.

(자) 연대주의적 행정 체제는 어떤 지역에 천재지변과 전쟁으로 비상사태가 생겨 구조가 필요할 때 전 교회가 연합하여 신속히 구조사업을 할 수 있다는 것이 특징이다.

2. 연합감리교회의 파송제도

연합감리교회의 연대성은 목사를 파송하는 과정에서 구체적으로 나타난다. 이 파송제도는 감리교 초창기인 1800년대에 생긴 제도이다. 그 당시 사방에 흩어져 있는 개척지 마을에서 예배를 인도하고 목회를 할 수 있게 하기 위해서는 신축성 있는 제도가 절대적으로 필요했었다. 감독과 감리사는 목사에게 교회를 보장해 주었고, 교회는 담임목사가 목회를 할 수 있도록 보장해 주었다.

연합감리교회의 파송은 인종, 성, 피부의 색깔, 연령에 관계없이 파송하는 개방적인 파송을 원칙으로 한다. 단 정년 은퇴자는 제외한다. 파송제도의 특징은 개체교회의 필요성과 전체교회의 필요성을 동시에 참작할 수 있다는 점이다.

개체교회는 자체로 담임목사를 초빙하는 것이 아니라 감독이 파송하게 되어 있는 것이 연합감리교회의 특징이다. 이 파송과정에서 감리사에게 주어진 중요한 책임 중 하나는 개체교회의 목회협조위원회와 협의하는 책임이다. 협의란 목회협조위원회가 개체교회의 선교를 위해 필요로 하는 목사가 어떤 자질을 갖춘 사람이어야 하는가를 감리사에게 요청하는 것을 말한다. 이때 개체교회가 특정한 인물을 추천할 수는 있으나 인물 선정은 감독, 감리사 및 감리사회에서 먼저 잠정적으로 숙고한다. 감리사회에서 선정된 목사는 개체교회의 목회협조위원회와 협의를 하게 되어 있다. 협의를 한 후 목회협조위원회 회원들의 판단으로 그 목사가 개체교회의 최적임자라고 생각이 들면 모든 과정이 간단하게 끝나지만, 마음에 들지 않을 때에는 새로 똑같은 과정을 밟게 된다. 그러나 이 새 과정이 무한정 계속되는 것은 아니다. 감독이 생각하기에 새 절차가 필요 없다고 판정하여 목사를 파송하면 개체교회는 감독이 파송하고자 하는 목사를 받아들이는 것이 교회에 덕이 된다. 2004년도 장정에는 다음과 같이 기록되어 있다.

지방감리사와 목사는 목사의 은사와 은총 및 전문적 경험과 기대가 무엇인지 알아내고 목사의 배우자와 가족의 필요가 무엇인지 또한 확인한다 (2004년 장정 ¶432. 2).

물론 모든 목사가 파송에 항상 만족하는 것은 아니며 교회도 새로 파송된 모든 목사를 다 환영하는 것은 아니다. 그러나 전체적으로 볼 때 연합감리교회의 제도는 적절하며, 변화하고 있는 사회의 요구에 잘 대처해 가고 있다.

3. 연대주의적 체제와 민주적 절차

연합감리교회의 연대적 구조에도 불구하고 교회 운영은 자유롭고 민주적 체제로 되어 있다. 성문화된 교회의 헌법은 연합감리교인으로서의 권리와 의무를 잘 명시해 주고 있다. 누구도 연합감리교회의 한 교인으로서 지닐 수 있는 자유의 특권에 도전할 수 없다. 예를 들면, 연합감리교회의 목사들의 복장은 자유의사에 달렸다. 목사들은 많은 예배순서 중에서도 자신에게 가장 의미 있다고 생각되는 순서를 취사선택하여 사용할 수 있고, 또 그 순서를 변형하여 사용할 수도 있다. 설교 제목도 목사 스스로가 선택할 수 있다. 공중예배에서 즉흥적인 기도를 하든지 혹은 전통적으로 내려오는 기도문을 사용하든지 그것은 목사의 자유재량에 달려 있다. 평신도와 마찬가지로 연합감리교회의 목사들도 연합감리교회가 강조하는 것들과 장정에 나타난 "우리의 신학적 과제"(2004년 장정 제II편)에 나타난 지침에 따라서 자기 나름대로의 신학을 발전시키도록 권장하고 있다.

VIII
연합감리교회 조직

소종의 교단에서는 그들이 신약성경에 있는 교회와 똑같이 조직되었다고 언급하고 있다. 그들은 그들의 조직이 신약성경에 있는 교회 조직과 비슷하다고 말함으로써 자기들이 보다 진실한 그리스도인이라는 점을 암시하려고 한다. 그러나 연합감리교회는 신앙공동체의 필요에 따라 교회가 조직되어야 한다고 믿는다. 실례로, 1996년도 총회에서는 21세기를 대비하여 선교하는 교회가 되기 위하여 교회의 조직을 대대적으로 개편하였다.

1739년 웨슬리가 최초로 신도회(Society)를 조직했을 때, 그 신도회는 교회를 만들기 위한 조직이 아니었다. 웨슬리는 그 시대가 요구하는 상황에 맞게 조직했을 뿐이다. 가난한 노동자들은 친교, 교육 및 그리스도인의 생활을 양육하기 위한 긴밀한 지도와 편달이 필요했다. 웨슬리는 속회를 조직하여 속장 인도하에 자주 모이도록 권장했다. 웨슬리는 안수 받고 함께 일할 수 있는 동역자의 수가 적었기 때문에 신앙심이 깊은 평신도들을 택하여 사람들을 가르치고 설교하도록 임명하였다.

미국 연합감리교회의 역사를 보면 개척자들은 거친 길을 순회하면서 고달픈 생활을 하였다. 신대륙을 개척하던 초창기에 감리교회, 복음교회, 그리고 복음주의연합형제교회의 목사들은 설교, 심령부흥회, 새 교회 설립, 새 신자 교육 등을 위하여 말을 타고 다니면서 순회전도를 하였다. 이 순회전도자들은 젊은 사람들이었고 때로는 제대로 교육을 받지 못한 사람들도 있었다. 그래서 이 순회전도자들을 지휘 감독하기 위하여 장로 목사를 한 지역에 파송했는데 그 장로 목사가 바로 오늘날의 감리사이고 그 지역이 오늘날의 지방이다.

교회 건물들이 건축되면서 새로운 필요성들이 생기자 우리들은 교회학교 교장, 기독교 교육사, 교육목사 혹은 음악사 혹은 음악목사라는 새로운 직책들을 창안해 내게 되었다.

연합감리교회의 특징

교회임원회에 의한 개제 교회의 기본 조직

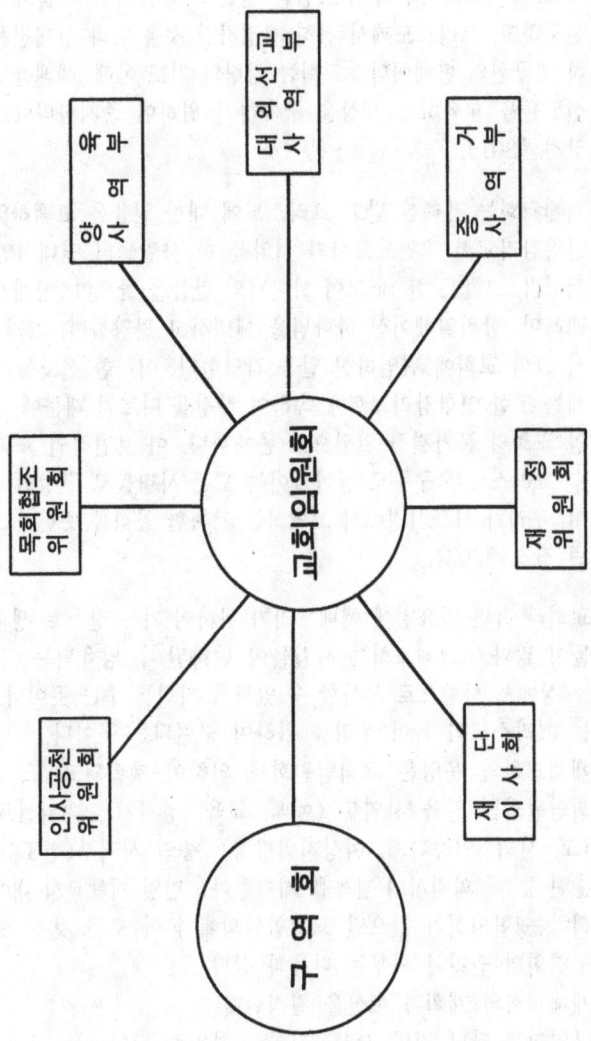

교회임원회

- 대외선교부의사
- 종교부의사
- 양육부의사
- 목회협조위원회
- 재정위원회
- 인사공천위원회
- 단재이사회
- 구역회

※ 개제 교회의 필요에 따라 이런 사업부를 세분화하여 더 확장할 수 있다.

1. 개체교회와 구역회

개체교회의 사명은 예수 그리스도의 제자를 삼는 데 있다.

개체교회는 하나님의 부르심을 받은 사람들이 하나님의 말씀을 선포하고, 그리스도께서 친히 제정하신 것을 따라 성례전을 집행하는 구원의 단체이다. 교회는 성령의 지도 아래, 예배를 드리고 신도들을 교육하고 세상을 구속하기 위하여 존재한다 (2004년 장정 ¶201).

개체교회는 세례를 받고 그리스도에 대한 믿음을 고백하였으며, 연합감리교회 교인으로서의 서약을 한 사람들의 연대적인 공동체이다. 그들은 한 데 모여 하나님의 말씀을 들으며, 성례전에 참례하며, 삼위일체이신 하나님을 예배하고 찬양하며, 그리스도께서 그의 교회에 위임하신 일을 감당한다. 이러한 신도들의 공동체는 또한 연합감리교회에 속하여 장정을 따르기 때문에, 보편적인 교회의 불가결한 일원으로 존재한다. 이 보편적인 교회는 예수 그리스도를 구주로 받아들이는 모든 사람으로 구성되어 있으며, 우리가 사도신경에서 고백하는 거룩한 공회를 뜻한다. (2004년 장정 ¶203).

교회라 하면 일요일에 예배드리기 위하여 가는 장소로 생각하는 사람들이 많다. 개체교회는 사람들이 변화된 후 양육되는 곳이며, 또 이 세상에서 사랑으로 봉사할 수 있도록 기회를 주는 곳이다. 개체교회는 그리스도의 몸이 우리를 위하여 구현되는 곳이다.

개체교회의 운영은 교회임원회에 의하여 계획되고 또 결정된다. 교회임원회는 양육 사역부 (예배, 교육, 청지기), 대외선교 사역부 (선교, 사회, 인종관계, 여성지위향상), 증인 사역부(전도, 속회, 영성훈련 등)에 의뢰하여 활동을 계획한다. 만일 개체교회 내에 사업을 계획하는 협의회가 없으면 교회임원회에서 이 모든 것을 계획한다.

구역회의 권리와 의무는 다음과 같다.
—개체교회의 계획과 예산을 결정한다.
—구역회는 담당 지방 감리사가 소집하기로 되어 있다.
—구역회는 개체교회와 교단을 연결해 준다.

—개체교회의 선교방향을 설정하고 제반 보고사항을 받는다.
—구역회는 인사공천위원회가 추천해서 임원들이 인준한 사람들을 최종적으로 임원으로 선출한다.
—구역회는 감리사와 협의 하에 목사 및 감독의 파송을 받은 직원의 봉급과 기타 보수를 작정한다.
—구역회는 교단을 위한 분담금 액수에 대한 보고를 듣는다.
—임원들은 모두가 구역회에 참석할 권한이 있다.

2. 지방과 지방회 (Districts and District Conferences)

지방은 연회 안에 있는 작은 행정단위이다. 지방은 교인수에 따라 연회의 행정 편의상 분할된다. 지방의 책임자는 감리사이다. 지방감리사는 개체교회의 프로그램을 행정 지도하고 개체교회 담임목사들을 지도하거나 상담한다.

지방회는 연회가 지시하거나 감리사가 지정하는 때와 장소에서 모인다. 지방회는 지방안수사역위원회의 추천에 의거하여 안수사역자 후보 증서를 발행한다. 지방이 존재하는 이유는 개체교회가 효과적인 선교를 할 수 있도록 돕는 데 있다. 또 개체교회에게 전 교단의 사업을 알리며 각 교회가 이에 참여하도록 장려한다.

3. 연회 (Annual Conference)

연회는 연합감리교회의 기본 행정단위이다. 미국 내에는 66개의 연회가 있다. 같은 주 안에 두 개 이상의 연회가 있는 곳도 있지만 대부분 연회의 경계는 주 단위로 나뉘어진다. 연회 규모는 그 주에 거주하는 연합감리교인들의 수에 좌우된다. 연회를 관할하는 책임자는 감독이다.

연회의 권리와 의무는 다음과 같다.
—각 연회는 자체 운영을 위해 장정에 상충하지 않는 규칙과 규정을 채택할 수 있다.
—연회의 회원은 목사와 평신도가 같은 수로 구성되어 있다.
—연회는 소속 목사회원들의 도덕 및 공식 행위에 관하여 조사할 권리가 있다.
—연회는 목사늘의 경력을 정확히 기록해야 한다.

—연회는 지역총회와 총회에 보낼 목사 및 평신도대표를 선출한다.
—연회는 지난 해의 연회사업을 검토하고 회의록을 책으로 만든다.
—연회는 다음 해의 연회사업을 계획한다.
—총회가 결정한 교회헌법 수정안을 표결한다.

4. 지역총회 (Jurisdictional Conference)

연합감리교회는 지리적 여건을 참작하여 다섯 지역, 즉 동북부지역, 동남부지역, 중북부지역, 중남부지역, 그리고 서부지역으로 나뉘어진다. 이 각 지역을 지역총회라고 하며 지역총회 대표는 4년에 한 번씩 각 지역 내의 연회에서 선출된다.

지역총회의 권한과 의무는 다음과 같다.
—감독선출과 지역을 배정한다.
—연회록에 기록된 연회 기록문서들을 관리한다.
—교회의 전도, 교육, 관심을 고취시킨다.
—연회의 경계를 결정한다.
—재판위원회를 조직한다.
—교회의 사명을 수행할 기관들을 (고아원, 단과대학, 대학교, 캠프장 등) 개발하고 유지한다.

연합감리교회 조직	
미국내 조직	**해외 조직**
●지역총회: 5	●해외지역총회: 7
●연회 및 선교연회: 63	●연회 및 선교연회: 59
●지방: 494	
●개체교회수: 34,965	●개체교회수: 6,937
●교인수: 8.074,697	●교인수: 1,883,772

5. 총회 각 부서의 부속기구들 (General Board and Agencies)

연합감리교회의 업무는 매우 광범위하고 특수하기 때문에 총회는 업무를 위한 여러 부서와 부속기구들이 필요하다.

a. 총회재무행정협의회
(General Council on Finance and Administration)
총회재무행정협의회는 연합감리교회의 자금을 위해 예산을 편성하는 기관이며, 모든 개체교회들은 이곳으로 분담금을 보낸다. 총회기관들의 재정관리를 감독한다. 교단의 통계자료를 출판한다.

b. 총회연대사역협의회 (Connectional Table)
총회연대사역협의회는 교회를 위한 비전을 식별하고 명확히 하며, 총회의 결의와 총감독회와 협의로 정하여진 연합감리교회의 선교와 사역과 리소스를 관리한다.

c. 총회사회부 (General Board of Church and Society)
총회사회부는 연합감리교회의 사회원칙들을 수행함으로써 연합감리교인들이 사회 전역에서 사회정의를 추구하도록 인도하는 역할을 한다. 개체교회 교인들을 도와 지역사회의 문제에 대응하게 한다.

d. 총회공보위원회
(General Commission on Communications)
총회공보위원회는 교단을 위한 공보 및 홍보 활동을 한다. 교단의 기금과 프로그램을 널리 알린다. 연합감리교회 통신을 통하여 교회의 소식을 수집 보고한다. Inforserve를 통하여 교인들의 질문에 응한다.

e. 총회제자훈련부 (General Board of Discipleship)
총회제자훈련부는 사람들을 예수 그리스도에게로 인도하여 기독교 신앙에 대한 그들의 이해가 성장하도록 돕고 양육하는 책임을 진다. 총회제자훈련부와 관련된 내용들은 예배, 전도, 교육, 청지기, 다락방, 평신도, 청소년/소녀 등이다. 교과과정을 포함한 개체교회의 기독교 교육을 관장한다.

f. 총회세계선교부 (General Board of Global Ministries)
총회세계선교부는 개체교회와 연회로 하여금 대내외 선교사업에 동참케 한다. 선교사들을 모집 훈련하여 선교지로 보낸다. 여성지도자를 개발하고 그들로 하여금 교회를 위해 봉사하도록 지도 편달한다.

g. 총회고등교육사역부
(General Board of Higher Education and Ministry)

총회고등교육사역부는 교회의 지적 생활을 권장한다. 이 일을 수행하기 위하여 이 부서는 연합감리교회의 이름으로 단과대학, 종합대학, 그리고 신학교를 설립하고 유지하며 또 헌신적이고 잘 훈련을 받은 교역자들을 교회에 배출한다. 대학목회를 담당한다. 장학금을 관리 대부한다. 교단의 성직과 관련된 내용들을 다룬다.

h. 총회은급의료혜택부
(General Board of Pensions and Health Benefits)

총회은급의료혜택부는 목사와 가족들, 교회에서 고용한 평신도 교회직원들을 위한 연금 기금을 총 감독하고 관리한다. 연회가 채택한 의료혜택과 세금연기 은급 및 생명보험 프로그램을 제공한다. 교역자들의 봉사기록을 보관한다.

i. 연합감리교회 출판부
(Board of The United Methodist Publishing House)

연합감리교회 출판사는 출판물을 통하여 개체교회의 사역을 지원한다. 개체교회가 필요로 하는 교육자료를 출판한다. Cokesbury 서점을 운영한다. 판매 이익금을 각 연회에 분배함으로써 연합감리교회 교역자 은퇴기금을 지원한다. 종교적 지식을 서적, 소책자, 대중매체, 그리고 정기간행물들을 출판 전달함으로써 기독교의 대의 명분을 전 세계에 알리는 일을 한다.

j. 총회교회역사보존위원회
(General Commission on Archives and History)

총회교회역사보존위원회는 연합감리교회와 연합감리교회가 되기 전의 교단들의 역사 자료를 수집, 보존, 그리고 보급하는 일을 한다. 역사적 기록을 보관하기 위한 유물보관소와 도서관을 유지한다. 연합감리교주일을 지키기 위한 자료들을 개발한다.

연합감리교회의 특징

k. 총회연합사업위원회
(General Commission on Christian Unity and Interreligious Concerns)

총회연합사업위원회는 기독교인의 단합을 옹호하고 추진하며, 또한 다른 신앙과 문화를 지닌 사람들과의 대화도 모색한다. 다른 웨슬리 계통의 교회들과 대화를 개발한다. 교회일치를 위한 지도자들을 연합 감리교회 안에서 개발한다.

l. 총회인종관계위원회
(General Commission on Religion and Race)

총회인종관계위원회는 교단 내의 모든 인종들 및 소수민족 교인들을 대변하여 그들의 대변자 역할을 감당한다. 연합감리교회가 소수 민족집단을 포용하도록 장려하고 감시한다. 인종차별주의를 타파하기 위한 여러 가지 모임을 주관한다.

m. 총회여성지위향상위원회
(General Commission on Status and Role of Women)

총회여성지위향상위원회는 연합감리교회의 전반적인 분야에서 여성들이 동등한 자격으로 교회활동에 깊이 참여하고 책임을 감당할 수 있는 여건 조성을 위해 일한다. 개인적으로 또는 집단적으로 교회 여성들을 대신하여 대변자가 된다. 성차별주의를 제거할 방안을 모색한다. 여성의 지위향상을 위한 자료들을 추천한다.

n. 총회남선교위원회
(Commission on United Methodist Men)

총회남선교위원회는 개체교회, 지방, 연회에 남선교회를 조직하고 프로그램 아이디어에 관하여 자문한다. 남선교회의 역할에 관하여 설명한다. 전도, 선교, 청직, 영성개발, 사회적인 책임에 관한 자료를 수집 관리한다.

o. 재판위원회 (The Judicial Council)

재판위원회는 연합감리교회를 위하여 연합감리교회의 법을 해석하여 판정하는 기구이다. 장정과 일치하는지의 여부에 관하여 판정한다. 연회의 감독이 내린 법 해석을 심사한다.

Characteristics of United Methodist Church

CHARACTERISTICS OF UNITED METHODIST CHURCH. Based upon *The Way*, by William H. Willimon, and *United Methodist Profile*, by Walter N. Vernon. Developed by Dal Joon Won. An official resource for The United Methodist Church prepared by the General Board of Discipleship through Teaching & Study Resources and published by Cokesbury, 201 Eighth Avenue South, P. O. Box 801, Nashville, Tennessee 37202-0801. Printed in the United States of America. Copyright © 2006 by Cokesbury. All rights reserved.

To order copies of this publication, call toll free: 866-629-3101 or 800-672-1789. Call Monday—Friday, 7:00-5:00 Central Time or 8:30-4:30 Pacific Time. You may FAX your order to 800-445-8189. Telecommunication Device for the Deaf/Telex Telephone 800-227-4091. Use your Cokesbury account, American Express, Visa, Discover, or MasterCard.

For permission to reproduce any material in this publication, call 615-749-6421, or write to Permissions Office, 201 Eighth Avenue South, P. O. Box 801, Nashville, Tennessee 37202-0801.

Scripture quotations in this publication, unless otherwise indicated, are from THE HOLY BIBLE with REFERENCE, Old and New Testaments, Korean Revised Version, © Korean Bible Society 1962, and used by permission.

Editorial and Design Team
Dal Joon Won, Sr. Editor
EunRan Um, Production Editor
MiYeon Yu, Input Specialist
Roy C. Wallace, Designer

Administrative Team
Neil M. Alexander, Publisher
Harriett Jane Olson, Vice President
Dal Joon Won, Director of Korean Language Unit

Cover by Peggy Lyle Jennings from UNITED METHODIST PROFILE, Copyright © 1983 by Graded Press.

본서에 사용된 성경 말씀은 관주성경전서 개역 한글판에서 인용한 것입니다. 관주성경전서의 저작권은 1962년 저작권법에 의하여 재단법인 대한성서공회가 소유하고 있으며, 본서에서는 허락을 받고 사용하였습니다.

Cokesbury

www.ingramcontent.com/pod-product-compliance
Lightning Source LLC
Chambersburg PA
CBHW011746020426
42331CB00014B/3293